PIANO / VOCAL / GUITAR

LATIN POP HITS

25 SIZZLING SINGLES

ISBN 978-1-5400-2682-8

Visit Hal Leonard Online at
www.halleonard.com

Contact Us:
Hal Leonard
7777 West Bluemound Road
Milwaukee, WI 53213
Email: info@halleonard.com

In Europe contact:
Hal Leonard Europe Limited
42 Wigmore Street
Marylebone, London, W1U 2RN
Email: info@halleonardeurope.comm

In Australia contact:
Hal Leonard Australia Pty. Ltd.
4 Lentara Court
Cheltenham, Victoria, 3192 Australia
Email: info@halleonard.com.au

A PURO DOLOR

Words and Music by
OMAR ALFANNO

Dm7
F/G
C
G
Dis - cul - pa sé que es - toy vi - o - lan - do nues - tro ju - ra - men -
sie - ra de - cir - te que hoy es - toy de ma - ra - vi -
Am
Am/G
F
to sé que es - tás con al - guien, que no es el mo - men - to pe - ro hay al - go ur - gen -
lla que no me ha a - fec - ta - do lo de tu par - ti - da pe - ro con un de -
C
F/G
Am
- te que de - cir - te es - te hoy.
- do no se ta - pa el sol.
Es - toy mu - rien - do, mu -
C/G
F
E7
Am
rien - do por ver - te a - go - ni - zan - do muy

C/G
F
Dm7/G
C
len - to y muy fuer - te.
Vi - da, de-
G/B
Am
Am/G
F
vuél-ve-me mis fan - ta - sí - as
mis ga - nas de vi - vir la vi - da de-
C/E
Dm7
F/G
C
N.C.
vuél - ve - me el ai - re.
Ca - ri - ño mí - o, sin
E7
Am7
G♯m7
4fr
Gm7
F
tí yo me sien - to va - cí - o
las tar - des son un la - be - rin - to y las

C/E
Dm7
To Coda
1
F/G
G
C
B♭
Fm
no - ches me sa - ben a pu - ro do - lor.
Qui -
3
2
F/G
G
C6/9
N.C.
C
pu - ro do - lor.
F
F/G
C
F
F/G
C
B♭
Es - toy mu - rien - do a - go - ni - zan - do pu - ro do - lor,
3
3

F
Dm7
F/G
C
B♭
F
a pu - ro do - lor.
F/G
C
B♭
F
F/G
Es - toy mu - rien - do a - go - ni - zan - do pu - ro do - lor,
C
B♭
F
a pu - ro do - lor.
Dm7
F/G
C6/9
N.C.
D.S. al Coda

CODA
F/G
G
C
C/B♭
F/A
pu - ro do - lor. Whoa, whoa, a pu - ro, pu - ro do - lor,
F
F/G
C
C/B♭
F/A
Fm6
a pu - ro do - lor. Whoa, whoa, whoa.
C
C/B♭
F/A
F
F/G
Whoa, whoa, a pu - ro, pu - ro do - lor, a pu - ro do - lor.
C
C/B♭
F/A
F/G
C
Oh, oh, yeah.
3
3

ALGO MÁS

Words and Music by NATALIA JIMENEZ SARMENTO
and ARMANDO ANTONIO AVILA DE LA FUENTE

Gm7
B♭maj7
C13
C7♯5
sé que es - to ya no es que - rer.
sé que es - to ya no es que - rer.
Es al - go
B♭
Dm
D♭+
más, al - go que me lle - na, al - go que no ma - ta ni en - ve - ne - na. Es al - go
B♭
Gm
C
B♭/C
más, al - go más que a - mar.
Es al - go
Fmaj7
Dm7
más que la dis - tan - cia, que el do - lor y la nos - tal - gia, sa - be - mos

Gm7
B♭maj7
C
B♭/C
que e - so no nos va a se - pa - rar. Es dar - te un
Fmaj7
Dm7
be - so ca - da no - che, que tus ma - nos me e - na - mo - ren y que lo
Gm7
B♭maj7
C
B♭/C
To Coda
nues - tro crez - ca ca - da dí - a más, por - que so - mos al - go más.
1
Fmaj7
Dm7
Gm7
B♭maj7
Mm, ay, yeah.

C13
2fr
C7♯5
8fr
2
Fmaj7
Dm7
A ve-ces
Mm,
yeah.
Gm7
B♭maj7/C
C
B♭
Y yo sé no es que-rer,
C
Dm
por-que en tus o - jos yo me pue-do per - der.
Con-ti-go ol-vi - do lo que es te - mer,
B♭maj7
C
Dm
a-ca-so no sa - bes que tú e-res pa-ra mí.
La no-che y el dí - a en mi vi - vir,

C♯+
F/C
la san-gre y mis ve - nas lo doy to-do por tí. Con-ti-go el mun - do no tie - ne fi -
Bm7♭5
B♭
nal, el tiem-po no se nos va a a - ca - bar.
D.S. al Coda
C
B♭/C
CODA
F
Dm7
Es al-go
Mm, oh, yeah.
Gm7
B♭maj7
C
B♭/C
Fmaj9
por-que so-mos al - go más.

AHORA DICE

Words and Music by JUAN RIVERA VÁZQUEZ,
CARLOS ENRIQUE ORTIZ-RIVERA, LUIS ORTIZ-RIVERA,
RAFAEL PINA NIEVES, JOSÉ ÁLVARO OSORIO BALVIN,
JUAN CARLOS OZUNA ROSADO, AUSTIN SANTOS,
VICENTE SAAVEDRA and JEAN PIERRE SOTO

* *Recorded a half step lower.*

Am
Em
D
fue no se la vó a per - do - nar. Aho - ra di - ce que no me co - no -
ce, no no no no no. Y si me ha vis - to, se su - po - ne, que en el pa - sa - do fue. Yo
G
sí me a - cuer - do có - mo lo ha - cí - a - mos, có - mo en la ca - ma nos
1
ma - tá - ba - mos. Aho - ra
2
ma - tá - ba - mos. Sé que te pa - sas ne - gan - do
3

Am
Em
tó lo que tú y yo ha - cía - mos. Que-da en tu men - te gra - ba - do, to - das las
G
D
ve - ces que nos de - ves - tí - a - mos. Aho - ra me pa - so pe - san - do:
Am
Em
¿Có - mo tú pue - des vi - vir a - sí, di - cien - do que no, sa - bien - do que en - tre sá - ba - nas,
D
tú te en - tra - ga - ba a mí? Só - lo yo he po - di - do lle - gar - le.

Am
Em
G
Tu cuer - po sa - be e - le - var - se. Y cuan - do tus
D
Am
Em
pier - nas tem - bla - ban, no de - cí - as na - da, ya no. Y a - hora
D
que an - do con el di - ne - ro, no quie - ro in - te - rrup - cio - nes.
Am
Em
Des - de la prio - ri - dad, pa - sa - ste a lis - ta de op - cio - nes.

G
D
Es - toy con la co - lom - bia - na que se va ma - ña - na y la cu - ba - na lle - ga a Pa - rís.
Am
N.C.
Llá - ma - te al ru - so que ba - je los ki - los de o - ro, que lle - ga en la tar - de a Bra - sil.
Em
D
Am
Só - lo yo he po - di - do lle - gar - le. Tu cuer - po sa - be
Em
G
D
e - le - var - se. Y cuan - do tus pier - nas tem - bla - ban,

Am
Em
Em
D
No de - cí - an na - da, na - da, no, no.
Aho - ra di - ce que no me co - no -
Am
Em
ce, no no no no no. Y si me ha vis - to se su - po - ne, que en el pa - sa - do fue. Yo
G
D
Am
Em
sí me a - cuer - do
có - mo
cuan - do
lo ha - cí - a - mos, có - mo en la ca - ma nos
1
2
N.C.
N.C.
Em
ma - tá - ba - mos. Aho - ra
ma - tá - ba - mos. Po - po - por más que me nie - gues a mí,

D
Am
no pue-des es-ca-par - te. Si yo e-ra luz, tú, mi som - bra y me se -
Em
G
guí - as a to-das par - tes. Nos lo-gra-ron se-pa-rar.
D
Am
Tú no qui-sis-te es-cu-char. Fue más im-por-tan-te qué di-jo la
N.C.
Em
D
gen-te que a dón-de po-día-mos lle-gar. En el mun-do de mí es-tán ha-blan-do,

Am
Em
di - cien - do mil co - sas. Que me ven por a - quí, que me ven por a -
G
D
llá, por mi vi - da fa - mo - sa. Tú me co - no - ces de a - ños a -
Am
Em
trás, sa - be có - mo es la co - sa. Tú sa - bes que yo soy re - al,
N.C.
Em
D
te lo di - je u - na vez pen - sé que nues - tro a - mor es pe - rió - di - co de a - yer,

Am
Em
que tú no lo quie - res le - er, que ni por la ca - lle tú me quie - res ver. Si
G
D
sa - les de par - ty, me es - cu - chas a mí. Siem - pre te pre - gun - tan por mí, ba - by.
Am
N.C.
Di - me qué se sien - te ser el fan - tas - ma que te a - tor - men - ta a ti.
Em
D
Am
Em
Di-me qué pa - só, ma - mi, to - do i - ba nor - mal. Te ha - bla - ron de mí, te de -

G
D
jas - te lle - var. Tu cuer - po me_es - ta - ba_em - pe - zan - do_a_a - mar, y por
Am
N.C.
Em
D
cul - pa ___ de la gen - te_a - ho - ra te to - ca ol - vi - dar. Yo sé que_e - res in - fe - liz,
Am
Em
pe - ro te pa - sas min - tien - do, fin - gien - do que_e - res fe -
G
D
liz, ma - mi. Yo no te_en - tien - do. Ahora_él te po - ne_a llo - rar,

Am
Em
tam-bíen te po-ne a su-frir. Mien-tras yo te po-ní-a a via-jar,
Em
D
bien lin-da te ha-cía lu-cir. Só-lo yo he po-di-do lle-gar-le.
Am
Em
G
Tu cuer-po sa-be e-le-var-se. Y cuan-do tus
D
Am
Em
pier-nas tem-bla-ban no me de-cí-an na-da, na-da, na-da, na-da.
Aho-ra

D
Am
Em
di - ce que no me co - no - ce, no no no no no. Y si me ha vis - to, se su - po -
G
D
ne, que en el pa - sa - do fue. Yo sí me a - cuer - do có - mo lo
Am
Em
1
ha - cí - a - mos, có-mo en la ca-ma nos ma - tá - ba - mos. Aho - ra
2
Em
D
ma - tá - ba - mos. J Bal - vin, man. O - zu - na,

Am
Em
G
D
O - zu - na, man,
O - zu - na.
Ar - ca, man.
Am
N.C.
A - sí es co - mo es
Chris Je - day.
Em
D
Am
Em
G
D
Am
Em

AY VAMOS

Words and Music by RENÉ CANO,
JOSÉ ÁLVARO OSORIO BALVIN,
CARLOS ALEJANDRO PATIÑO GOMEZ
and ALEJANDRO RAMÍREZ

* *Recorded a half step lower.*

Em
N.C.
Em
ca - sa en la no - che, la mo - les - to y a - rre - gla - mos.
Ah,
Am
ah.
D7
Em
Pe - lea - mos, nos a - rre - gla - mos. Nos man - te - ne - mo' en e - sa,
pe - ro nos a - ma - mos. Ay va - mos. Ah,

Am
D7
ah.
Qué pe - na me da -
Em
N.C.
rí - a
no te - ner - te en mi vi - da, vi - da mí - a, ma -
Em
Am
- mi.
Ah,
ah.
D7
Pe - lea - mos,
nos a - rre - gla - mos.

Em
Nos man - te - ne-mo' en e - sa pe - ro nos a - ma - mos. Ay va - mos. Ah,
Am
ah.
D7
Em
N.C.
Qué pe - na me da - rí - a no te - ner-te en mi vi -
Em
- da, vi - da mí - a. No im - por - ta si es - tás le - jos, siem - pre te sien - to pre - sen - te. Y es -

Am
D7
toy pen-dien-te tí fre-cuen-te-men-te cuan-do es-toy en la ca-lle, re-sol-vien-do mis pro-
Em
N.C.
ble-mas. Es pa' nues-tro fu-tu-re, yo no sé por qué me ce-las. No soy un
Em
Am
san-to, tam-po-co an-do en co-sas ma-las. Cuan-do no es-toy con-ti-go, es por-que
D7
an-do con mis pa-nas. So-mos po-los o-pues-tos, y por e-so nos gus-ta-mos. ¿Qué

Em
más le va - mos a ha - cer? Si a - sí nos e - na - mo - ra - mos, y ahí va - mos. Ah,
Am
ah.
D7
Pe - lea - mos, nos a - rre - gla - mos. Nos man - te - ne - mo' en e - sa,
pe - ro nos a - ma - mos. Ay va - mos. Ah,

Am
D7
ah. ___ Qué pe - na me da -
Em
To Coda
N.C.
rí - a no te - ner - te en mi vi - da, vi - da mí - a, ma -
Em
Am
mi. To - dos los dí - as yo la ___ ten - go que ver, a - sí pe - lee - mos pri - me -
D7
- ro, mi mu - jer. Ma - mi, no me ce - les tan - to que yo

Em
N.C.
Em
siem - pre me con - mue - vo con tu llan - to. Ne - na, ne - na, tran - qui - lí -
Am
ce - se. Que en la ca - lle a na - die be - sé,
D7
Em
N.C.
yo so - lo ten - go o - jos pa' us - ted. Re - lá - ja - te,
1
Em
2
D.S. al Coda
des - preo - cú - pa - te. Ne - des - preo - cú - pa - te. Que ahí

CODA
N.C.
Em
- da, vi - da mí - a. Ne - na, ne - na, tran - qui - lí -
Am
ce - se. Que en
D7
Em
la ca - lle a na - die be - sé.
1
2
Ne -

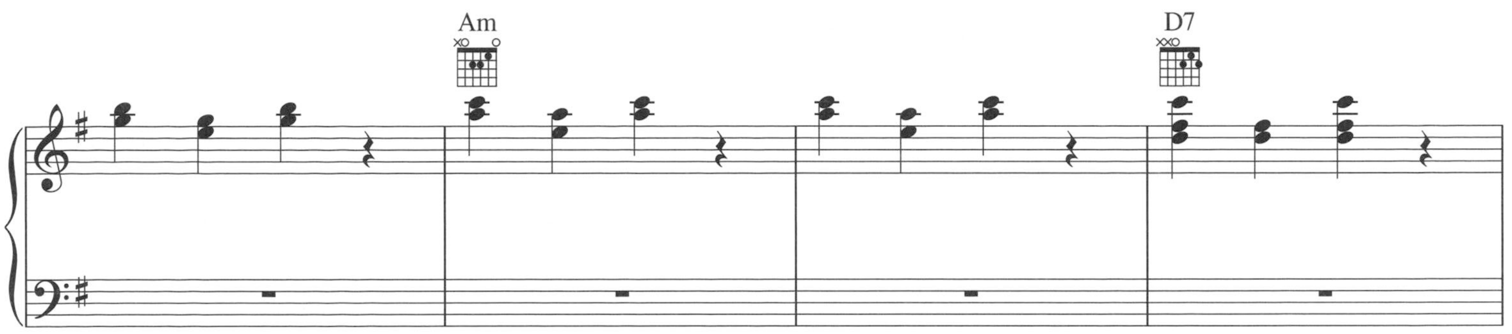
Am
D7

Em
One, two, three, let go.

Am

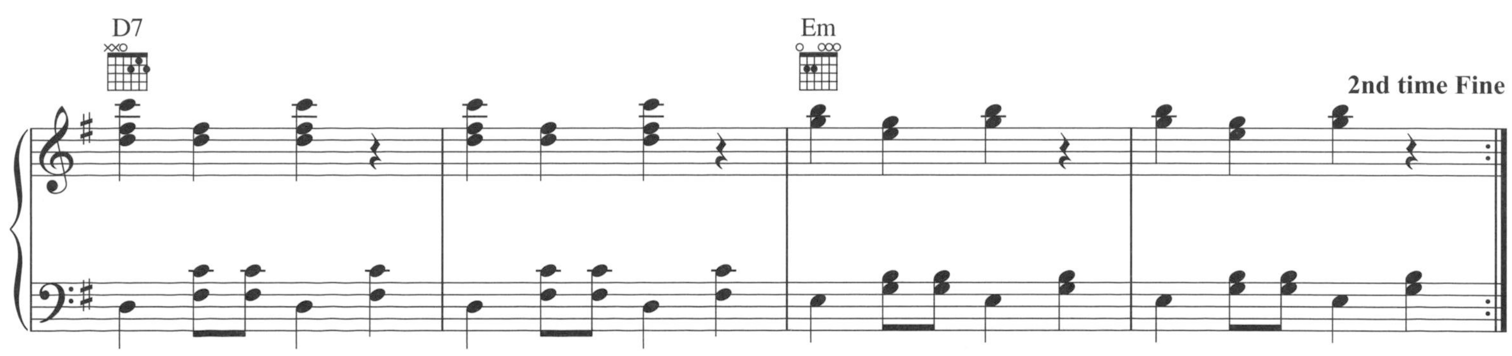
D7
Em
2nd time Fine

BAILANDO

Words and Music by ENRIQUE IGLESIAS,
DESCEMER BUENO, ALEXANDER DELGADO
and RANDY MALCOM

C
G
ción.
sión.
Cuan - to tú me mi - ras
Tus la - ti - dos a - ce -
D
se me su - be‿el co - ra - zón.
le - ran a mi co - ra - zón.
Em
C
Y‿en si - len - cio tu mi - ra - da di - ce mil pa - la - bras.
Que‿i - ro - ní - a del des - ti - no no po - der to - car - te.
G
La no - che‿en la que te su - pli - co que no sal - ga‿el
A - bra - zar - te y sen - tir la ma - gia de tu‿o -

D
Am7
sol.
lor.
Bai - lan - do,
(Bai - lan -
C
bai - lan - do.
tu cuer - po y el mi -
- do,)
(bai - lan - do.)
Em
D
- o lle - nan - do el va - cí - o su - bien - do y ba - jan - do.
(Su - bien - do y ba - jan -
Am7
Bai - lan - do,
bai - lan -
- do.)
(Bai - lan - do.)

C
Em
- do.
E - se fue - go por den - tro me va en - lo - que - cien -
(Bai - lan - do.)
D
C
N.C.
- do me va sa - tu - ran - do.
Con tu fí - si - ca y tu
Em
C
quí - mi - ca tam - bién tu a - na - to - mí - a, la cer - ve - za y la te - qui - la y tu bo - ca con la
G
mí - a. Ya no pue - do más.
Ya no pue - do más.
(Ya no pue - do más.)

D
Em
Con es - ta me - lo - dí - a, tu co - lor, tu fan - ta -
(Ya no pue - do más.)
C
sí - a, con tu fi - lo - so - fí - a mi ca - be - za es - tá va - cí - a y ya no pue - do más.
G
D
Ya no pue - do más.
(Ya no pue - do más.)
(Ya no pue - do más.)
Em
Yo quie - ro es - tar con - ti - go, vi - vir con - ti - go, bai - lar con -

C
G
ti - go, te - ner con - ti - go u - na no - che lo - ca,
(U - na no - che lo -
Dsus
y be - sar tu bo - ca.
Yo quie - ro es - tar con -
- ca, y be - sar tu bo - ca.)
Em
C
ti - go, vi - vir con - ti - go, bai - lar con - ti - go, te - ner con -
G
ti - go u - na no - che lo - ca, con tre - men - da lo -

Dsus
D
N.C.
Em
- ca.
Oh,
Last time only: (Bai - lan - do a -
C
mor.
oh,
Bai - lan - do a - mor.
oh,
G
D
oh.
Es que se me va el do - lor.)
1
N.C.
D.S.
2, 3
Oh,
4
Em

DESPACITO

Words and Music by LUIS FONSI,
ERIKA ENDER, JUSTIN BIEBER, JASON BOYD,
MARTY JAMES GARTON and RAMÓN AYALA

Bm
G
my sun - rise on the dark - est day.
Got me
D
feel - in' some kind of way.
Make me wan - na sa - vor ev - 'ry mo - ment slow -
A
Bm
- ly, slow - ly.
You fit me, tail - or -
G
made love, how you put it on.
Got the on - ly key, know how to turn it on.

D
A
The way you nib - ble on my ear, the on - ly words I wan - na hear: Ba - by, take it
N.C.
Bm
3
slow so we can last long. Tú, tú e - res el i - mán y yo soy el me -
G
D
tal. Me voy a - cer - can - do y voy ar - man - do el plan. Só - lo con pen -
A
N.C.
sar - lo se a - ce - ler - a el pul - so. Oh, yeah.

Bm
G
Ya, ya me-es-tá gus-tan-do más de lo nor - mal. To-dos mis sen -
D
ti-dos van pi-dien-do más. Es-to-hay que to-mar-lo sin nin-gún a-pu -
A
N.C.
Bm
- ro. Des - pa - ci - to. Quie-ro res-pi -
G
rar tu cue-llo des-pa-ci - to. De-ja que te di-ga co-sas al o-í -

D
A
-do, pa-ra que te a-cuer-des si no es-tás con-mi - go.
N.C.
Bm
Des - pa - ci - to. Quie-ro des-nu - dar-te a be-sos des - pa-ci -
G
D
- to, fir-mo en las pa - re-des de tu la - be-rin - to, y ha-cer de tu
A
N.C.
cuer-po to-do un ma-nu - scri - to.

Bm
G
Quie - ro ver bai - lar tu pe - lo, quie - ro ser tu rit - mo,
D
que le en - se - ñes a mi bo - ca, tus lu - ga - res fa - vo - ri -
A
Bm
- tos. Dé - ja - me so - bre - pa - sar
G
tus zo - nas de pe - li - gro, has - ta pro - vo - car tus gri -

D
A
To Coda
- tos,
y que ol - vi - des tu a - pe - lli - do.
N.C.
Bm
Si te pi-do un be - so, ven dá - me-lo. Yo sé que es-tás pen - sán - do-lo. Lle - vo tiem-po in-ten -
G
D
tán - do-lo, ma-mi es-to es dan-do y dán - do-lo. Sa - bes que tu cor - a - zón con - mi - go te ha-ce
A
N.C.
bang bang. Sa - bes que e - sa be - ba es - tá bus - can - do de mi bang bang. Ven prue - ba de mi

Bm
G
bo - ca pa - ra ver có - mo te sa - be. Quie - ro, quie - ro quie - ro ver cuán - to a - mor a ti te
D
ca - be. Yo no ten - go pri - sa, yo me quie - ro dar el via - je. Em - pe - ce - mos
A
N.C.
Bm
len - to, des - pués sal - va - je. Pa - si - to a pa - si - to, sua - ve sua - ve -
G
ci - to. Nos va - mos pe - gan - do po - qui - to a po - qui - to cuan - do tú me

D
A
be - sas con e - sa de - stre - za. Veo que e - res ma - li - cia con de - li - ca -
N.C.
Bm
de - za. Pa - si - to a pa - si - to, sua - ve sua - ve - ci - to. Nos va - mos pe -
G
D
gan - do po - qui - to a po - qui - to. Y es que e - sa be - lle - za en un rom - pe - ca -
A
N.C.
D.S. al Coda
be - zas, pe - ro pa' mon - tar - lo a - qui ten - go la pie - za. ¡O - ye! Des - pa -

CODA
N.C.
Bm
G
D
A
N.C.
Bm
G
Des - pa - ci - to. This is how we do it down in Puer - to Ri -
- co. I just wan - na hear you scream - ing, "¡Ay Ben - di - to!" I can move for -
ev - er se que - de con - ti - go.
Pa - si - to a pa -
si - to, sua - ve sua - ve - ci - to. Nos va - mos pe - gan - do po - qui - to a po -

D
qui - to.
Que le en - se - ñes a mi bo - ca, tus lu - ga - res fa - vo - ri -
A
Bm
- tos.
Pa - si - to a pa - si - to, sua - ve sua - ve - ci - to. Nos va - mos pe -
G
D
gan - do, po - qui - to a po - qui - to.
Has - ta pro - vo - car tus gri - tos.
A
N.C.
Y que ol - vi - des tu a - pe - lli - do. Des - pa - ci - to.

ÉCHAME LA CULPA

Words and Music by LUIS FONSI,
MAURICIO RENGIFO, ANDRÉS TORRES
and ALEJANDRO RENGIFO

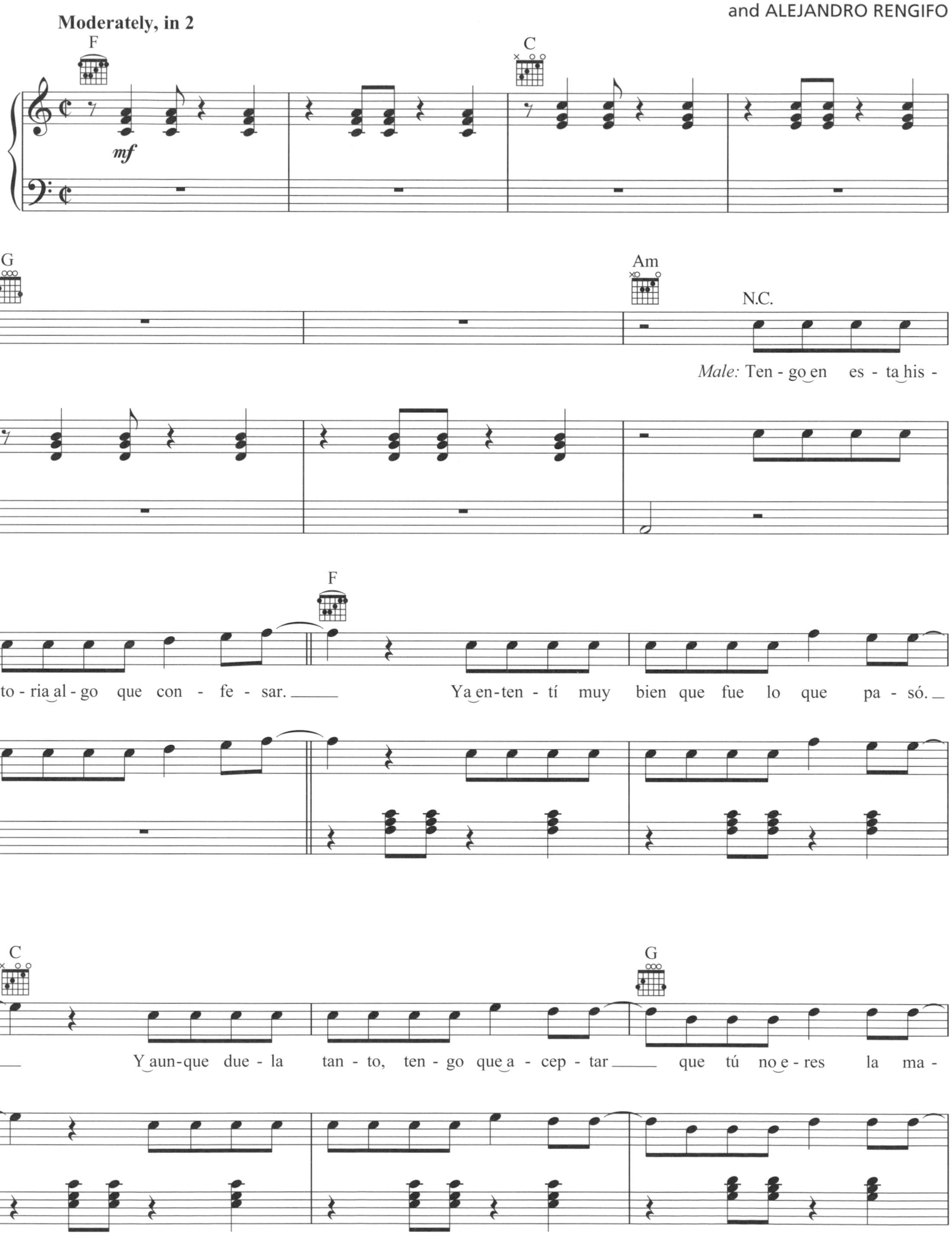

Moderately, in 2

F C

mf

G Am

N.C.

Male: Ten - go en es - ta his - to - ria al - go que con - fe - sar.

F

Ya en - ten - tí muy bien que fue lo que pa - só.

Am
N.C.
- la, que el ma - lo soy yo.
Female: No me co - no - cis - te nun - ca de ver - dad.
F
Ya se fue la ma - gia que te en - a - mo - ro.
C
Y es que no qui - sie - ra es - tar en tu lu - gar
G
por - que tu e - rror só - lo fue co - no - cer - me.
Am
N.C.
Male: No e - res tú, no e - res tú, no e - res tú, soy
F
yo
Female: (soy yo).

C
Male: No te quie-ro ha-cer su-frir, es me-jor ol-vi-dar y de-jar-lo a-
G
Am
N.C.
Female:
Both:
Male:
sí (a-sí). É-cha-me la cul-pa. No e-res tú, no e-res
F
tú, no e-res tú, soy yo (soy yo).
Female:
Male:
No te quie-ro ha-cer su-frir,
C
G
es me-jor ol-vi-dar y de-jar-lo a-sí (a-sí).
Female:

Am
N.C.
Both: É - cha - me la cul - pa. Female: O - kay, I don't real - ly, real - ly wan - na
F
C
fight an - y - more. I don't real - ly, real - ly wan - na fake it no more.
G
Play me like The Beat - les, ba - by; just let it be. So, come on, put the blame on me,
Am
N.C.
F
yeah. I don't real - ly, real - ly wan - na fight an - y - more.

C
I don't real - ly, real - ly wan - na fake it no more. Play me like The Beat - les, ba - by;
G
Am
N.C.
just let it be. So, come on, put the blame on me. Male: No e - res tú, no e - res
F
tú, no e - res tú, soy yo (soy yo).
Female:
Male:
No te quie - ro ha - cer su - frir,
C
G
es me - jor ol - vi - dar y de - jar - lo a - sí (a - sí).
Female:

Am
N.C.
Both: É - cha - me la cul - pa. Male: No e - res tú, no e - res tú, no e - res tú, soy
F
C
Female:
Male:
yo (soy yo). No te quie - ro ha - cer su - frir, es me - jor ol - vi -
G
Am
Female:
Both:
dar y de - jar - lo a - sí (a - sí). É - cha - me la cul - pa.
N.C.
F
Male: So - la - men - te te fal - ta un be - so. So - la - men - te te fal - ta un be - so.

C G Am

E - se be - so que siem - pre te pro - me - tí. *Both:* É - cha - me la cul - pa.

N.C. F

Male: So - la - men - te te fal - ta un be - so. So - la - men - te te fal - ta un be - so.

C G **To Coda** Am

E - se be - so que siem - pre te pro - me - tí. *Both:* É - cha - me la cul - pa.

N.C. **D.S. al Coda**

Female: O - kay, I don't real - ly, real - ly wan - na

CODA Am

Both: É - cha - me la cul - pa.

DURA

Words and Music by RAMÓN AYALA,
URBANI MOTA CEDEÑO, LUIS JORGE ROMERO
and JUAN RIVERA VÁZQUEZ

* Recorded a half step lower.

D Bm G A
du - ra, du - ra, du - ra, du - ra, du - ra, que es - tás
D Bm G
du - ra. Ma - no a - rri - ba por - que tú te ves bien. Es - tás du - ra, ma - ma - ci - ta, te fuis -
A D Bm
te de ni - vel. Du - ra, mi - ra co - mo bri - lla tu piel. Es - tás
G A D
du - ra, dí - me - lo, dí - me - lo: ¿Có - mo es que es? Es - tás du - ra, yo te doy un
3

To Coda
Bm
G
A
vein - te de diez. Es - tás du - ra, du - ra, du - ra. Tu e - res la
D
má - qui - na, la má - qui - na de bai - le. Si no tie - ne a na - die, ven - te pa' mi bra - zos,
cai - le. E - sa per - fu - me se sien - te en el ai - re. Al - go co - mo Ar - gen -
N.C.
D
ti - na, tú me traes los Bue - nos Ai - res. Es - tá po - der - ro - sa, me - dia es - can - da -

Bm
G
A
lo - sa. Ha-brán mu-chas mu - je - res, pe - ro tú e - res o - tra co - sa. Si fue-ra un de -
D
Bm
G
li - to e - so de que es-tás her - mo - sa, te a - rres-to en mi ca - ma y te pon - go las es -
A
D
po - sas. Tie-nes el to - que, to - que, to - que. Mi - ren el ma - te - rial, e - di - ción es -
Bm
G
- pe - cial. Tie-nes el to - que, to - que, to - que. Per - dó - na - me, te lo te - ní -

A
D
Bm
G
N.C.
a que de - cir. Es - tás du - ra, du - ra, du - ra, du - ra,
A
D
Bm
du - ra, que‿es - tás du - ra. Ma - no‿a - rri - ba por - que tú te ves bien. Es - tás
G
A
D
du - ra, ma - ma - ci - ta, te fuis - te de ni - vel. Du - ra, mi - ra co - mo
Bm
G
A
bri - lla tu piel. Es - tás du - ra, dí - me - lo, dí - me - lo: ¿Có - mo‿es que‿es? Es - tás
3

D Bm G A
du - ra, yo te doy un vein - te de diez. Es - tás du - ra, du - ra, du - ra. Me gus - ta co - mo
D Bm G
mue - ve e - se ram pam pam. Mi men - te ma - qui - nean - do en un plan, plan,
A D Bm
plan. Si me de - ja, en e - sa cur - va le doy pam pam. ¿Cuál es tu re - ce - ta?
G A D
No sé, es - ta pa' co - mer - te bien. Me gus - ta co - mo mue - ve e - se ram pam

pam. Mi men - te ma - qui - nean - do en un plan, plan, plan. Si me de - ja, en e - sa
cur - va le doy pam pam. Tu be - lle - za re - tum - ba, las o - tras pa' la
Bm
tum - ba. U - no, dos y tres va - mo' a dar - le ta en - vi - dia, que se ca - lle. Sa -
G
A
D
lu - dos a to - dos las ne - nas que pa - ra - li - zan la ca - lle. ¿Có - mo tú te lla - mas? ¿De dón -

Bm
G
A
de tu e - res? Da-me el nú - me - ro pa' en-trar con - ti - go en de - ta - lles. Y tie - nes el
D
to - que, to - que, to - que. Pa - re - ces u - na es - tre - lla for - man - do el al - bo -
ro - to. Tie - nes el to - que, to - que, to - que. Se cae el in - ter -
D.S. al Coda
net cuan - do su - bes u - na fo - to.
Cuan - do yo la
CODA
A
du - ra. Tú tie - nes, el

D
Bm
G
size, o - tra co - mo tú, ma - mi, no hay. Pé - ga - te, da - le boom, bye
1–3
4
A
D
bye. Que tú tie - nes el bye, yeah, yeah. Re - tum - ban - do las bo -
Bm
G
A
3
ci - nas, de se - gu - ro Da - Da - Da - Dad - dy Yan - kee y el dis - co du - ro. Ur - ba y
D
Bm
G
A
Ro - me. Que pa' es - ta li - ga no se a - so - men. Du - ra, du - ra, du - ra.

EL PERDÓN

Words and Music by JUAN MEDINA VÉLEZ,
CRISTHIAN CAMILO MENA MORENO and NICK RIVERA CAMINERO

E♭
6fr
Fm
Cuén - ta - me; tu des - pe -
di - da pa - ra mi fue du - ra.
D♭
4fr
Se - rá que te lle - vo a la lu -
A♭
4fr
- na y yo no su - pe ha - cer - lo a - sí.
E♭
6fr
Te es - ta - ba bus - can - do,
Fm
por las ca - lles gri -

D♭
4fr
A♭
4fr
tan - do. E - so me es - tá ma - tan - do, oh, no.
E♭
6fr
Fm
Te es - ta - ba bus - can - do, por las ca - lles gri -
D♭
4fr
A♭
4fr
N.C.
tan - do, co-mo un lo - co to - man - do.
Fm
Es que yo sin ti y tú sin mi. Di - me

D♭
4fr
A♭
4fr
quíen pue - de ser fe - liz. Es - to no me gus - ta.
E♭
6fr
Fm
Es - to no me gus - ta.
Es que yo sin ti y tú sin
D♭
4fr
A♭
4fr
mi. Di - me quíen pue - de ser fe - liz. E - so no me gus - ta.
E♭
6fr
To Coda
Fm
E - so no me gus - ta.
Vi - vir si ti, no a - guan - to más.

D♭
4fr
A♭
4fr
Por e - so ven - go a de - cir - te lo que sien - to. Es - toy su -
E♭
6fr
frien - do en es - ta so - le - dad. Y aun - que tu pa -
Fm
D♭
4fr
- dre no a - pro - bó es - ta re - la - ción, yo si - go in - sis -
A♭
4fr
tien - do a pe - dir per - dón. Lo ú - ni - co que im - por - ta es - tá en tu co - ra - zón.

E♭
6fr
D.S. al Coda
CODA
Te es - ta - ba bus -
Fm
D♭
4fr
Yo te ju - ré a ti e - ter - no a - mor, y a - ho - ra o - tro te da ca -
A♭
4fr
E♭
6fr
lor, cuan - do en las no - ches tie - nes frí - o, oh, oh.
Fm
D♭
4fr
Yo sé que él te pa - re - ce ma - jor, pe - ro yo es - toy en tu co - ra -

A♭
4fr
N.C.
E♭
6fr
zón, y por e - so pi - do per - dón. Es que yo sin
Fm
D♭
4fr
ti y tú sin mi. Di - me quién pue - de ser fe -
A♭
4fr
liz. Es - to no me gus - ta. Es - to no me gus -
E♭
6fr
Fm
- ta. Es que yo sin ti y tú sin mi. Di - me

D♭
4fr
A♭
4fr
quién pue - de ser fe - liz. Es - to no me gus - ta,
E♭
6fr
Fm
oh, yeah, oh.
Vocal ad lib.
D♭
4fr
A♭
4fr
E♭
6fr
Fm

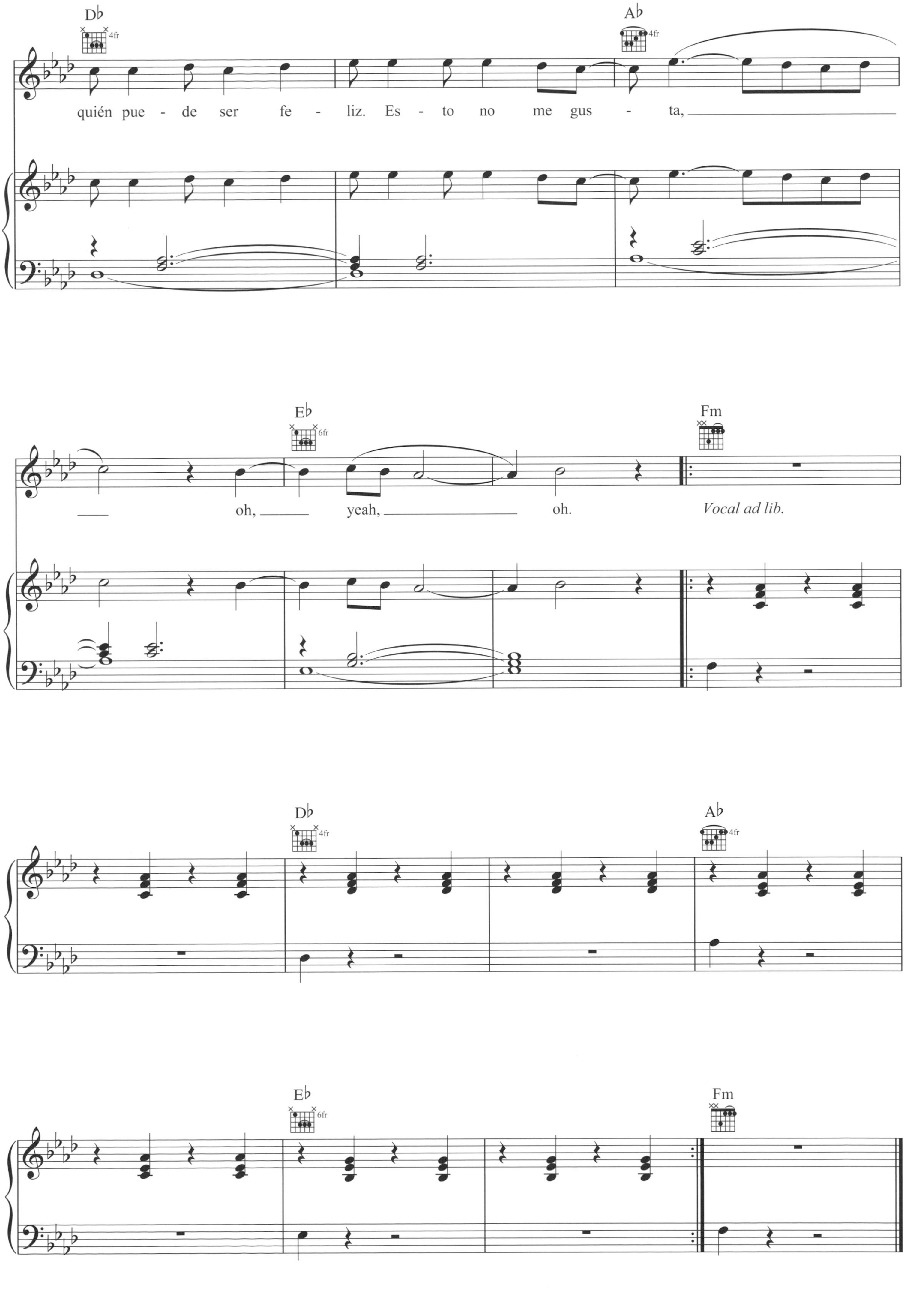

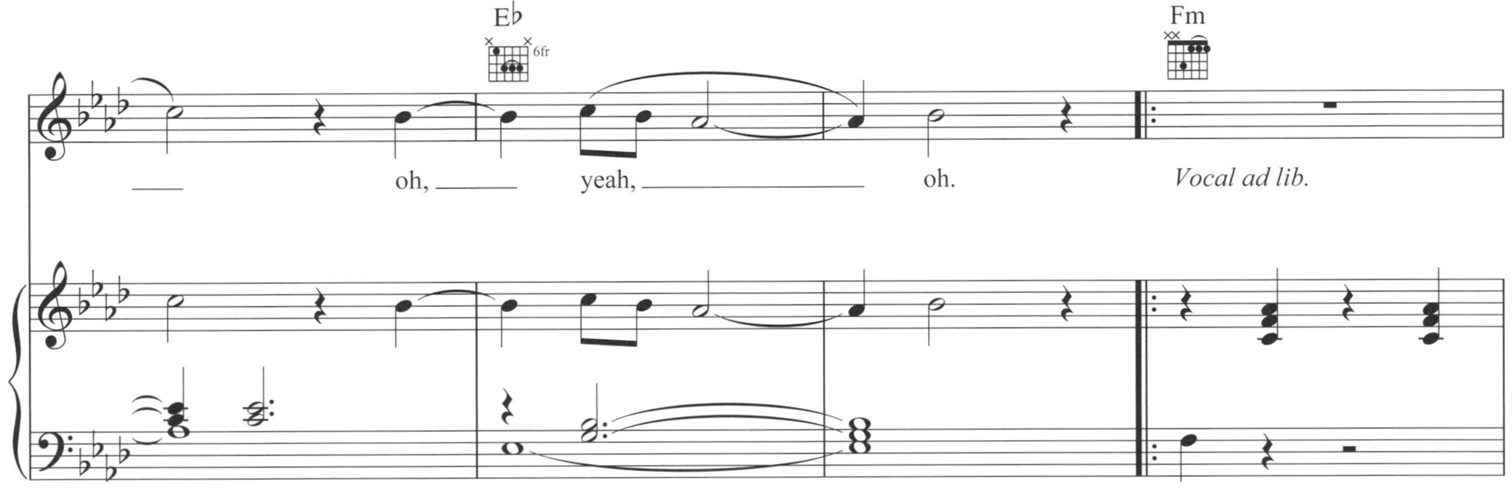

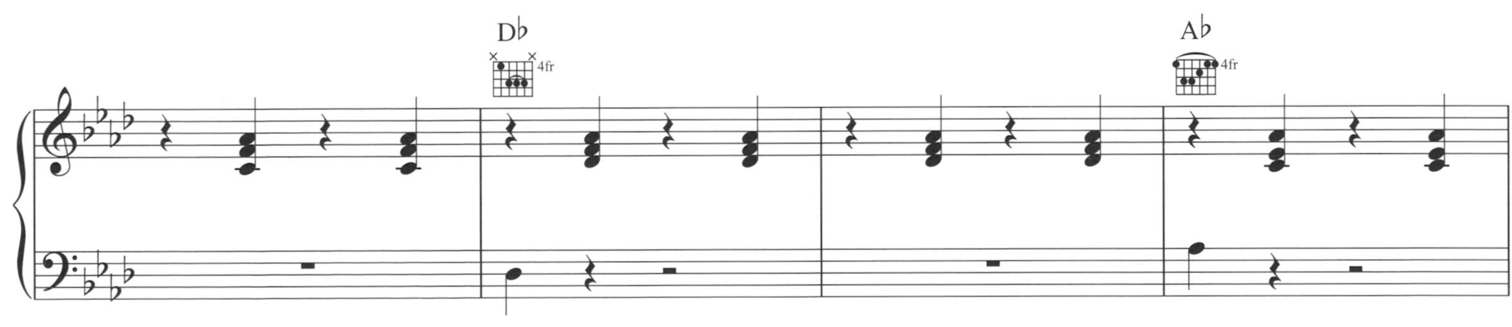

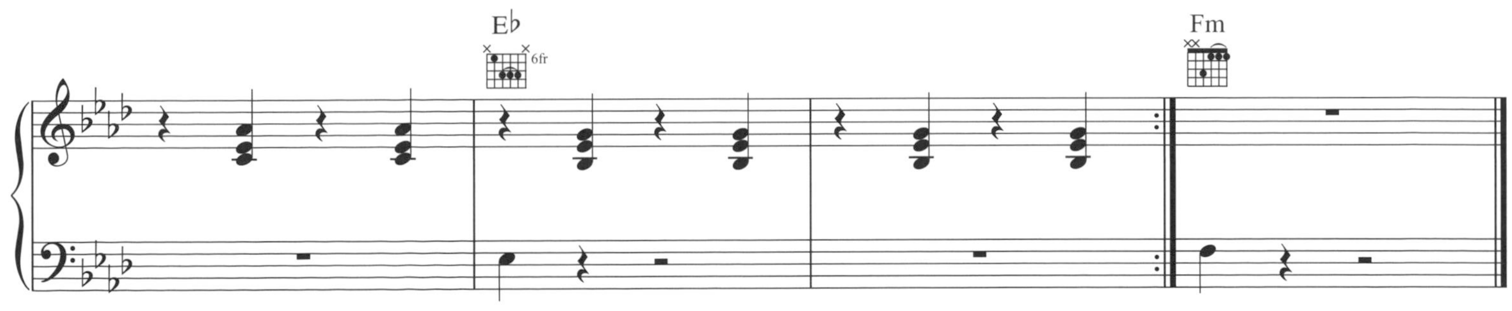

ERES MÍA

Words and Music by
ANTHONY SANTOS

Bm7
C♯m7
4fr
F♯m
tú que e-res fo-ga - ta y el tan frí - o.
Di-ce tu a-mi-gui - ta que es ce-lo - so, no quie-re que sea tu a-
mi-go.
E
Bm7
So - spe-cha que soy un pi - ra-
C♯m7
4fr
F♯m
D
E
- ta y ro-ba-re su flor.
No te a-som-

F♯m
Bm7
E
-bres si una no - che en-tro a tu cuar - to y nue-va-men - te te ha-go
A
E/G♯
F♯m
Bm7
mí-a. Bien co-no - ces mis e-rro - res, el e-go-ís-
E
A
E/G♯
F♯m
-mo de ser due - ño de tu vi-da. E-res mí - a (mí - a
Bm7
E
A
C♯m/G♯
mí - a). No te ha-gas la lo-ca e-so muy bien ya lo sa-bi-as.
4fr
3

F♯m
Bm7
A
Si tu te ca - sas, el día de tu bo - da le di - go a tu es - po - so con
E
F♯m
Bm7
ri - sas que so - lo es pre - sta - da la mu - jer que a - ma, por -
D
E
N.C.
To Coda
que si - gues sien - do mí - a.
F♯m7
Dmaj7

F♯m7
Bm7
N.C.
F♯m
Di-cen que un cla - vo sa-ca un cla-
E
- vo, pe-ro e - so es so-lo ri-ma.
No ex-
Bm7
C♯m7
4fr
F♯m
is-te u-na he - rra - mien - ta que sa-que mi a - mor.

D
E
D.S. al Coda
CODA
F♯m
No te a - som -
Bm7
D
E
C♯m
4fr
F♯m
Bm
E
A
C♯m/G♯
4fr
F♯m
You know your heart is mine
and you'll

D
E
C♯m
F♯m7
love me for - ev - er.
You know your heart is mine
Bm7
D
E
and you'll love me for - ev - er.
A
C♯m/G♯
F♯m
Bm7
Ba - by, your heart is mine
and you'll love me for - ev -
E
C♯m
F♯m
Bm7
- er.
Ba - by, your heart is mine
and you'll

D
E
love me for - ev - er.
No te a - som -
F♯m
Bm7
E
- bres si u - na no - che en - tro a tu cuar - to y nue - va - men - te te ha - go
A
E/G♯
F♯m
Bm7
mí - a. Bien co - no - ces mis e - rro - res, el e - go - ís -
E
A
E/G♯
F♯m
- mo de ser due - ño de tu vi - da. E - res mí - a (mí - a mí - a
3

Bm7
E
A
C♯m/G♯
4fr
mí - a). No te ha - gas la lo - ca e - so muy bien, ya lo sa - bi - as.
F♯m
Bm7
A
Si tu te ca - sas, el día de tu bo - da le di - go a tu es - po - so con
E
F♯m
Bm7
ri - sas que so - lo es pre - sta - da la mu - jer que a - ma, por -
D
E
N.C.
3
que si - gues sien - do mí - a.

HASTA EL AMANECER

Words and Music by JUAN DIEGO MEDINA VÉLEZ,
CRISTHIAN CAMILO MENA MORENO and NICK RIVERA CAMINERO

D
N.C.
dar - me con - ti - go has - ta el a - ma - ne - cer.
F♯m
Bm
Co - mo tú te lla - mas, yo no sé.
D
E
¿De don - de lle - gas - te? Ni pre - gun - té. Lo
F♯m
Bm
ú - ni - co que sé es que quie - ro con us - ted, que -

D
E
dar - me con - ti - go has - ta el a - ma - ne - cer.
F♯m
Bm
Ó - ye - me ma - ma - ci - ta, tu cuer - po y ca - ri - ta. Piel mo - re - na, lo
D
que u - no ne - ce - si - ta. Mi - ran - do u - na chi - ca tan bo - ni - ta, y pre -
E
F♯m
gun - to, "¿Por - que an - da tan só - li - ta?" Ven da - le a - hí, a - hí, mo - vien -
3

Bm
do to - do e - so pa' mí. No im - por - ta i - dio - ma ni el país, ya va - mo - nos
D
E
de a - quí. Que ten - go al - go bue - no pa - ra ti, u - na no - che de a - ven - tu - ra hay que
F#m
Bm
vi - vir. Ó - ye - me a - hí, a - hí, ma - mi va - mos dar - le. Rum - bean - do y be -
D
E
bien - do a la vez. Tu tran - qui - la que yo te da - re, u - na no - che lle - na de pla -

F♯m
Bm
cer.
Co - mo tú te lla - mas, yo no sé.
D
E
¿De don - de lle - gas - te? Ni pre - gun - té.
Lo
F♯m
Bm
ú - ni - co que sé es que quie - ro con us - ted,
que -
D
E
dar - me con - ti - go has - ta el a - ma - ne - cer.

F♯m
Bm
Yo pen-di-en-te a ti. ¿Co-mo bai-las a-sí? Con e-se mo-vi-mien-
D
E
-to me hip-no-ti-zas. Me voy a cer-can-do ha-cia ti, y te di-go sua-ve al o-í-
F♯m
Bm
do: Es-cú-cha-me, ma-mi, yo te es-toy que-rien-do.
D
E
Sien-to al-go por den-tro. Y tú me di-ces, "Es-tás muy lo-

F♯m
N.C.
Bm
- co, de - ja e - so Ma - mi, yo te es - toy que - rien - do.
D
E
Sien - to al - go por den - tro. Me mue - ro por lle - var - te.
F♯m
Bm
Co - mo tú te lla - mas, yo no sé.
D
E
¿De don - de lle - gas - te? Ni pre - gun - té. Lo ú - ni - co que

F♯m
Bm
sé es que quie - ro con us - ted, que - dar - me con - ti -
D
E
go has - ta el a - ma - ne - cer. Co - mo tú te
F♯m
Bm
lla - mas, yo no sé. ¿De don - de lle -
D
E
N.C.
F♯m
gas - te? Ni pre - gun - té. Lo ú - ni - co que sé es que quie - ro

1
2
Bm
D
N.C.
F♯m
E
con us - ted, que - dar - me con - ti - go has - ta el a - ma - ne - cer.
Co - mo tú te go has - ta el a - ma - ne - cer.
Vocal ad lib.

FELICES LOS 4

Words and Music by MARIO CÁCERES,
KEVIN MAURICIO JIMÉNEZ LONDOÑO, BRYAN SNAIDER LEZCANO CHAVERRA,
JUAN LUIS LONDOÑO ARIAS, ELIEZAR PALACIOS-RIVERA,
SERVANDO MORICHE PRIMERA MUSSETT, STIVEN ROJAS ESCOBAR
and ANDRÉS URIBE

Gm
3fr
C
san - do en lo que es - tás ha - cien - do si so - mos aje -
F
Dm
- nos y a - sí nos que - re - mos.
Si con - mi - go te
Gm
3fr
C
que - das, o con o - tro tú te vas,
No me im - por - ta un ca -
F
Dm
ra - jo, por - que sé que vol - ve - rás.
Si con - mi - go te

Gm
C
que - das, o con o - tro tú te vas, No me im - por - ta un ca -
F
N.C.
ra - jo, por - que sé que vol - ve - rás. Y si con o - tro pa - sas el
Gm
C
ra - to, va - mos ser fe - liz, va - mos ser fe - liz. Fe - li - ces los
F
Dm
cua - tro, te a - gran - da - mo' el cuar - to. Y si con o - tro pa - sas el

Gm
3fr
C
ra - to,
va - mos ser fe - liz,
va - mos ser fe - liz.
Fe - li - ces los
F
Dm
cua - tro,
yo te a - cep - to el tra - to.
Y lo ha - ce - mo' o - tro ra - to.
Gm
3fr
C
Y lo ha - ce - mo' o - tro ra - to.
Y lo ha - ce - mo' o - tro ra - to.
F
Dm
To Coda
Y lo ha - ce - mo' o - tro ra - to.
Y lo ha - ce - mo' o - tro ra -

Gm
3fr
C
- to. Lo nues - tro no de - pen - de de un pac - to. Dis - fru - ta y so - lo sien - te el im - pac -
F
- to, el boom boom que te que - ma, e - se cuer - po de si - re - na. Tran -
Dm
Gm
3fr
qui - la, que no cre - o en con - tra - tos, (Y tú me - nos.) Y siem - pre que se
C
va, re - gre - sa a mí, y fe - li - ces los cua - tro. No im -

F
Dm
por - ta el que di - rán, nos gus - ta a - sí.
Y
Gm
3fr
C
N.C.
siem - pre que se va, re - gre - sa a mí,
y fe - li - ces los cua - tro. No im -
F
Dm
N.C.
D.S. al Coda
por - ta el que di - rán, so - mos tal pa - ra cual.
Y si con o - tro pa - sas el
CODA
Gm
3fr
Si con - mi - go te que - das, o con o - tro tú

C
F
te vas, No me im-por-ta un ca - ra - jo, por - que sé que vol - ve - rás.
Dm
Gm
3fr
Si con-mi-go te que-das, o con o-tro tú
C
F
te vas, No me im-por-ta un ca - ra - jo, por - que sé que vol - ve -
Dm
Gm
3fr
N.C.
rás. Y si con o-tro pa-sas el ra - to, va - mos ser fe - liz,

C
F
vamos ser feliz. Feli - ces los cua - tro,
te a - gran - da - mo' el
Dm
Gm
3fr
cuar - to. Y si con o - tro pa - sas el ra - to,
vamos ser fe - liz,
C
F
vamos ser feliz. Feli - ces los cua - tro,
yo te a - cep - to el
Dm
N.C.
Gm
3fr
tra - to. Y lo ha - ce - mo' o - tro ra - to.
Y lo ha - ce - mo' o - tro ra - to.

C
N.C.
F
Y lo ha - ce - mo' o - tro ra - to. Y lo ha - ce - mo' o - tro ra - to.
N.C.
Gm
3fr
Y siem - pre que se va, re - gre - sa a
C
F
mí, (Ma - lu - ma, ba - by.) No im - por - ta el que di - rán, nos gus - ta a -
Dm
Gm
3fr
sí. Y siem - pre que se va, re - gre - sa a

C
F
mí, (El có - di - go se - cre - to, ba - by.) No im - por - ta el que di - rán, so -
Dm
Am7
Gm7
mos tal pa - ra cual.
C
Fmaj7
Dm7
Am7
Gm7

HAVANA

Words and Music by CAMILA CABELLO, LOUIS BELL,
PHARRELL WILLIAMS, ADAM FEENEY, ALI TAMPOSI,
BRIAN LEE, ANDREW WOTMAN, BRITTANY HAZZARD,
JEFFERY LAMAR WILLIAMS and KAAN GUNESBERK

To Coda
Gm
Ebmaj7
D7
N.C.
Ah, but my heart is in Ha - van - a,
there's some - thing 'bout his man - ners. Ha - van - a, ooh na
my heart is in Ha - He
Gm
Eb
D7
na. He
did - n't walk up with that "How you do - ing?" (When he came in the
Gm
Ebmaj7
D7
said there's a lot of girls I can do with. I'm
room.) (But I can't with - out
Gm
Eb
D7
do - ing for - ev - er in a min - ute. And
you.) (That sum - mer night in

Gm
E♭maj7
D7
3
Pa - pa says he got ma - lo in him. He got me feel - ing like,
June.)
E♭
ooh. I knew it when I met him, I knew it when I
left him. Got me feel - ing like, ooh.
And then I had to tell him I had to go, oh, na na na na na. Ha -
N.C.
D.S. al Coda
3fr

CODA
N.C.
van - a, Ha - van - a, ooh na na. (See additional lyrics)
Gm
E♭
D7
Gm
E♭
D7
N.C.
Gm
E♭
D7
Gm
E♭maj7
D7
Gm
E♭
D7

Gm
Ebmaj7
D7
N.C.
Ha -
Gm
Eb
D7
Gm
Ebmaj7
D7
van - a, ooh na na. Half of my heart is in Ha - van - a, ooh na na.
Gm
Eb
D7
He took me back to East At - lan - ta, na na na. Ah, but my heart is in Ha -
Gm
Ebmaj7
D7
van - a, my heart is in Ha - van - a, Ha - van - a, ooh na

Gm
E♭
D7
Ooh na na na, ooh na na na. Take me back, back, back.
na.
Gm
E♭maj7
D7
1
Ooh na na na, ooh na na na. Take me back, back, back.
2
na. Take me back, back, back.
Gm
E♭
D7
Trumpet solo
Gm
E♭maj7
D7

Gm
Eb
D7
Ebmaj7
Ooh.
Ooh.
Ha - van - a, ooh na na.
Half of my heart is in Ha -
van - a, ooh na na.
He took me back to East At - lan - ta, na na na.
Ah, but my heart is in Ha - van - a,
my heart is in Ha - van - a,
N.C.
Ha - van - a, ooh na
3fr

Additional Lyrics

Jeffery.
Just graduated, fresh on campus, mmm.
Fresh out East Atlanta with no manners, damn.
Fresh out East Atlanta.
Bump on her bumper like a traffic jam (jam).
Hey, I was quick to pay that girl like Uncle Sam. (Here you go, ay).
Back it on me, shawty cravin' on me.
Get to diggin' on me (on me).
She waited on me. (Then what?)
Shawty cakin' on me, got the bacon on me. (Wait up.)
This is history in the makin' on me (on me).
Point blank, close range, that be.
If it cost a million, that's me (that's me).
I was gettin' mula, man, they feel me.

I NEED TO KNOW

Words and Music by CORY ROONEY
and MARC ANTHONY
Spanish Lyrics by A. CHIRINO
and R. BLADES

E7
Am
for me. There's e - ven talk a - bout you want - ing me.
- ing true. It's get - ting hard - er not to think of you.
a - lli. Que tú qui - sie - ras a - cer - car - te a mí.
tu piel. Tu cuer - po en - te - ro quie - ro co - no - cer.
E7
I must ad - mit that's what I want to hear, but that's just talk un - til you
Girl, I'm ex - act - ly where I wan - na be. The on - ly thing's I need you
Si tú su - pie - ras que te quie - ro lle - var, Que has tá el cie - lo te quie -
Es - ta pa - sión no me de - ja dor - mir. Es - te de - seo no me de -
Am(add4)
Am
E7
take me there.
here with me.
ro lle - var.
ja vi - vir.
Oh, if it's true don't leave me all a - lone out here won -
O, no me de - jes so - lo con mi cor - a - zón que es -
Am
- d'ring if you're ev - er gon - na take me there. Tell me what you're feel - ing 'cause I
- tá en - lo - que - ci - do con es - tá pa - sión. Si es que me de - se - as ne - na

E7
Am(add4)
need _ to know. Girl, __ you've got - ta let me know which way _ to go 'cause I need
dí - me - lo. Por - que por tu a - mor es - toy mu - rien - do yo. Ay dí -
Am
E7
to know. I need to know. Tell ___ me, ba - by, girl, 'cause I
me - lo. Ven dí - me - lo. Por - que por tu a - mor es - toy mu -
Am
E7
need _ to know. I need to know. I need to know. Tell _
rien - do yo. Ay dí - me - lo. Ven dí - me - lo. Por -
Am(add4)
Am
___ me, ba - by girl, 'cause I need _ to know.
- que por tu a - mor es - toy mu - rien - do yo.

E7
Am(add4)
'Cause I need
Ay dí -
Am
E7
to know. I need to know. Tell me, ba - by girl, 'cause I
me - lo. Ven dí - me - lo. Por - que por tu a - mor es - toy mu -
Am
E7
need to know. I need to know. I need to know. Tell
rien - do yo. Ay dí - me - lo. Ven dí - me - lo. Por -
Am(add4)
Am
me, ba - by girl, 'cause I need to know. If it's true don't leave me all a -
- que por tu a - mor es - toy mu - rien - do yo. No me de - jes so - lo con mi

E7
Am
lone out here won - d'ring if you're ev - er gon - na take me there. Tell
cor - a - zón Que es - tá en - lo - que - ci - do con es - tá pa - sión. Si es
E7
me what you're feel - ing 'cause I need to know. Girl, you've got - ta let me know which
que me de - se - as ne - na dí - me - lo. Por - que por tu a - mor es - toy mu -
Am(add4)
N.C.
way to go 'cause I need to know. I need to know. Tell
rien - do yo. Ay dí - me - lo. Ven dí - me - lo. Por -
1
2
me, ba - by girl, 'cause I need to know. I need need to know.
- que por tu a - mor es - toy mu - rien - do yo. Ay dí - rien - do yo.

LA CAMISA NEGRA

Words and Music by
JUAN ESTEBAN ARISTIZABAL

* Recorded a half step lower.

D7
Ten - go la ca - mi - sa neg - ra hoy mi a - mor es - tá de
Gm
Cm
D7
lu - to. Hoy ten - go en el al - ma un - a pe - na y es por cul - pa de tu em -
Gm
D7
bru - jo. Hoy sé que tú ya no me quier - es y es - o es lo que más me
Gm
Cm
D7
hie - re. Que ten - go la ca - mi - sa neg - ra y u - na pe - na que me

Gm
D7
due - le. Mal pa - re - ce que só - lo me que - dé y fue pu - ra to - di - ta tu men -
Gm
Cm
D7
- ti - ra. Que mal - di - ta ma - la suer - te la mí - a que aquel dí - a te en - con -
G
Am7
Bm
C
G
Am7
tré. Por be - ber del ve - ne - no ma - le - vo de tu a - mor, yo que - dé mor - i -
Bm
C
G
Am7
Bm
C
bun - do y llen - o de do - lor. Res - pir - é de e - se hu - mo a - mar - go de tu a -

G Am7 Bm C

dios y des - de que tú___ te fuis - te___ yo só - lo...

Gm D7

Ten - go, ten - go la ca - mi - sa neg - ra por - que neg - ra ten - go el

Gm Cm D7

al - ma. Yo por tí per - dí la cal - ma y ca - si pier - do has - ta mi

Gm
Cm
D7
To Coda
mu - lo que ten - go la ca - mi - sa neg - ra y de - ba - jo ten - go el di -
Gm
D7
Gm
fun - to.
Cm
D7
Gm
D7
Gm
Cm
D7
Gm
3fr

D7
Ten - go la ca - mi - sa neg - ra ya tu a - mor no me in - te -
Gm
Cm
D7
Gm
re - sa. Lo que ayer me su - po a glo - ria hoy me sa - be a pu - ra miér - co - les por la tar - de y tú que no
D7
Gm
lle - gas ni - si - quie - ra mues - tras se - ñas y yo con la ca - mi - sa
Cm
D7
Gm
D.S. al Coda
neg - ra y tus ma - le - tas en la puer - ta. Mal pa - re - ce que só - lo me que -
3fr

CODA
Gm
3fr
D7
fun - to. Ten-go la ca-mi - sa neg-ra por-que neg - ra ten-go el
Gm
Cm
D7
al - ma. Yo por tí per-dí la cal-ma y ca - si pier - do has - ta mi
Gm
D7
ca - ma. Ca - ma, ca - ma, come on, ba - by, te di-go con di - si -
Gm
Cm
D7
Gm
mu - lo que ten-go la ca-mi - sa neg-ra y de - ba - jo ten-go el di - fun - to.

LIVIN' LA VIDA LOCA

Words and Music by DESMOND CHILD
and ROBI ROSA

She's in - to new sen - sa - tions,
Woke up in New York Cit - y
new kicks in the can - dle - light.
in a funk - y cheap ho - tel.
She's got a
She took my heart and she
new ad - dic - tion for ev - 'ry day and night. She'll
took my mon - ey. She must - 've slipped me a sleep - in' pill. She
F♯m
G♯m
4fr
(1., 3.) make you take your clothes off and go danc - ing in the rain.
(2.) nev - er drinks the wa - ter and makes you or - der French cham - pagne.

A
She'll make you live her cra - zy life, but she'll take
Once you've had a taste of her you'll nev -
B
a - way your pain
- er be the same.
like a bul - let to your brain.
Yeah, she'll make you go in - sane.
G♯
4fr
C♯m
4fr
Up - side in - side out, she's
B
C♯m
4fr
liv - in' la vi - da lo - ca.
She'll push and pull

B
C♯m
you down liv - in' la vi - da lo - ca. Her
B
lips are dev - il red and her skin's the col - or of mo -
C♯m
- cha. She will wear you out
To Coda
B
C♯m
B
liv - in' la vi - da lo - ca. You're liv - in' la vi - da lo -

C♯m
B
1
C♯m
- ca. She's liv - in' la vi - da lo - ca.
2
C♯m
B/C♯
- ca.
C♯m
B/C♯

C#m
4fr
D.S. al Coda
She'll
CODA
C#m
4fr
- ca. Up - side in -
lips are dev -
B
C#m
4fr
- side out, she's liv - in' la vi - da lo - ca. She'll
- il red and her skin's the col - or of mo - cha.
B
push and pull you down liv - in' la vi - da lo -
She will wear you out liv - in' la vi - da lo -
1
C#m
4fr
- ca. Her
2
C#m
4fr
B
- ca. You're liv - in' la vi - da lo -

C♯m
4fr
B
-ca. She's liv-in' la vi-da lo-ca.
Play 3 times
Liv-in' la vi-da lo-ca. A-
got-ta, got-ta, got-ta la vi-da lo-ca. Got-ta, got-ta, got-ta la vi...

LA TORTURA

Lyrics by SHAKIRA
Music by SHAKIRA
and LUIS FERNANDO OCHOA

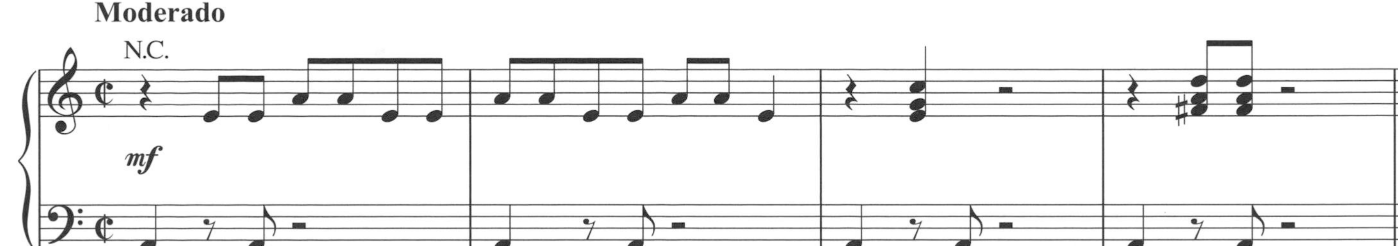

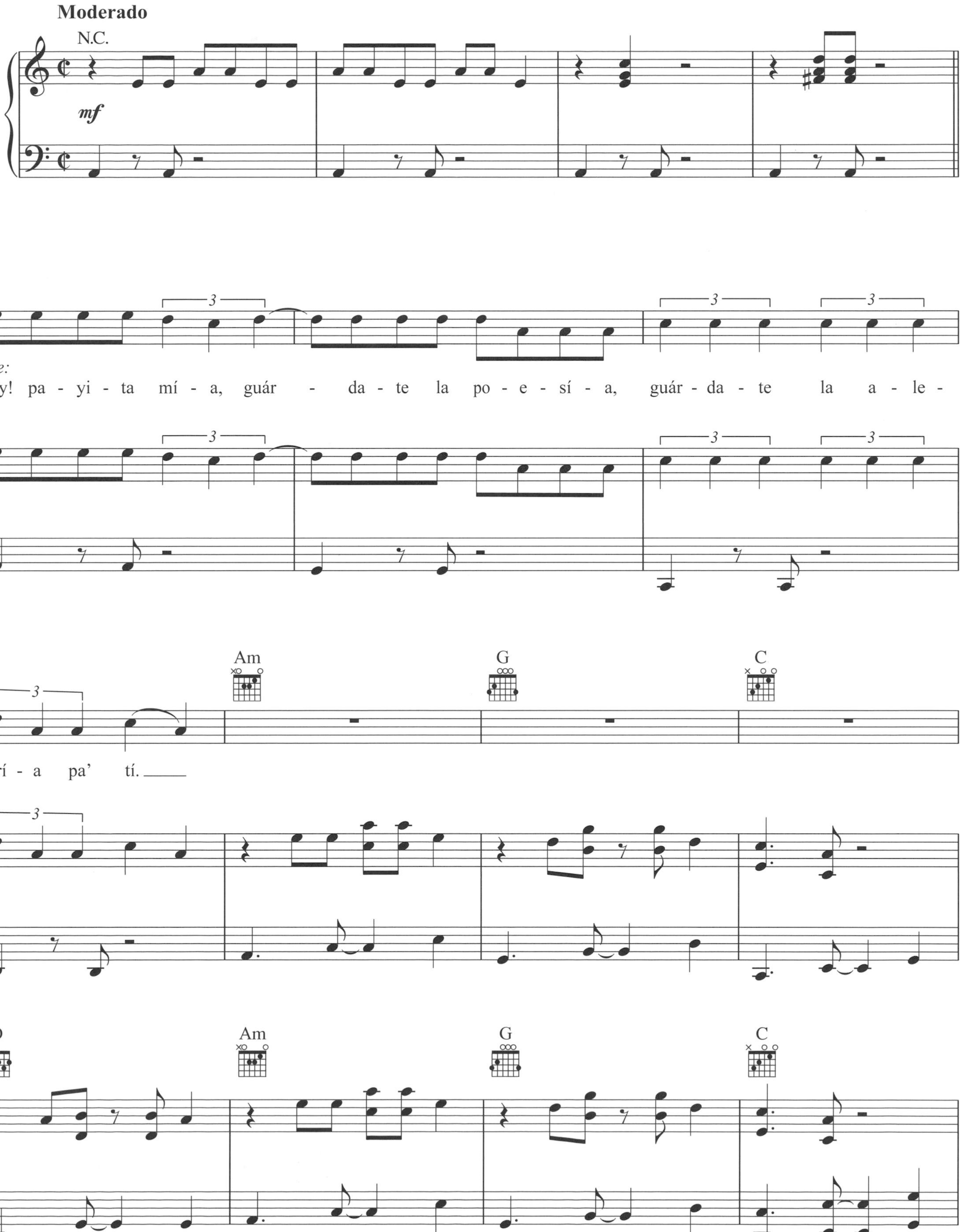
Moderado
N.C.
mf
Male:
¡Ay! pa - yi - ta mí - a, guár - da - te la po - e - sí - a, guár - da - te la a - le - grí - a pa' tí.
Am
G
C
D
Am
G
C

D
Am
Female: No pi - do que to - dos los dí - a se - an de
pue - do pe - dir que el in - vier - no per - do - ne a un ro -
F
sol, no pi - do que to - dos los vier - nes se - an de fies -
sal, no pue - do pe - dir a los ol - mos que en - tre - guen pe -
E7
N.C.
Am
- ta. Y tan - po - co te pi - do que vuel - vas ro - gan - do per -
- ras. No pue - do per - dir - le lo e - ter - no a un sim - ple mor -
F7
3
dón, si llo - ras con los o - jos se - cos y ha - blan - do de e -
tal y an - dar a - rro - jan - do a los cer - dos mi - les de per -

E7
Dm
Cue notes: male vocal, 2nd verse
- lla.
- las.
Ay a - mor, me due - le tan -
E7
Am
- to. Male (both times): Me due - le tan - to,
que te
que no
E7sus/B
Am/C
A/C♯
Dm
fue - ras sin de - cir a don - de.
cre - as más en mis pro - me - sas.
Ay a - mor,
fué
es
G
N.C.
Am
G
u - na tor - tu - ra Female: per - der - te.
Male: Yo sé que no he si - do un san -

C
D
Am
- to, pe - ro lo pue - do a - rre - glar, a - mor.
Female: No só - lo
G
C
E7
de pan vi - ve el hom - bre y no de ex - cu - sas vi - vo
Am
G
C
yo. Male: Só - lo de e - rro - res se a - pren - de y hoy sé que es
D
Am
G
tu - yo mi co - ra - zón.
Female: Me - jor te guar - das to - do

1
2
C
D
Am
N.C.
G
e - so a o-tro pe - rro con e - se hue - so y nos de - ci - mos a - di - ós.
No hue - so y nos de - ci - mos a - di -
ós.

Am
G
C
D
N.C.
Male: No te ba - jes, no te ba - jes, o - ye ne - gri - ta mi - ra, no te ra - jes.
De lu - nes a vier - nes tie - nes mi a - mor, dé - ja - me el sá - ba - do a mí que es me - jor. O - ye mi
ne - gra no me cas - ti - gues más, por - que a - llá a - fue - ra sin ti no

ten - go paz. Yo só - lo soy un hom - bre a - rre - pen - ti - do
soy co - mo el a - ve que vuel - ve a su ni - do. Yo sé que
C
D
no he si - do un san - to y es que no es - toy he - cho de
Am
G
C
car - tón.
Female: No só - lo de pan vi - ve el hom - bre y no de ex -

E7
Am
G
C
cu - sas vi - vo yo. Male: Só - lo de e - rro - res se a - pren - de y hoy sé que es
D
Am
G
C
tu - yo mi co - ra - zón. Female: ¡Ay! ¡Ay!
D
Am
G
C
¡Ay, ay, ay! ¡Ay! To - do lo
D
Am
G
C
que he he - cho por tí Fué u - na tor - tu - ra per - der - te, me due - le

D
Am
G
C
tan - to que sea a - sí. Si - gue llo - ran - do per - dón.
D
Am
G
C
Yo... yo no voy a llo - rar
D
Am
G
por tí.
C
1
D
2
D

ME ENAMORA

Words and Music by
JUAN ESTEBAN ARISTIZABAL

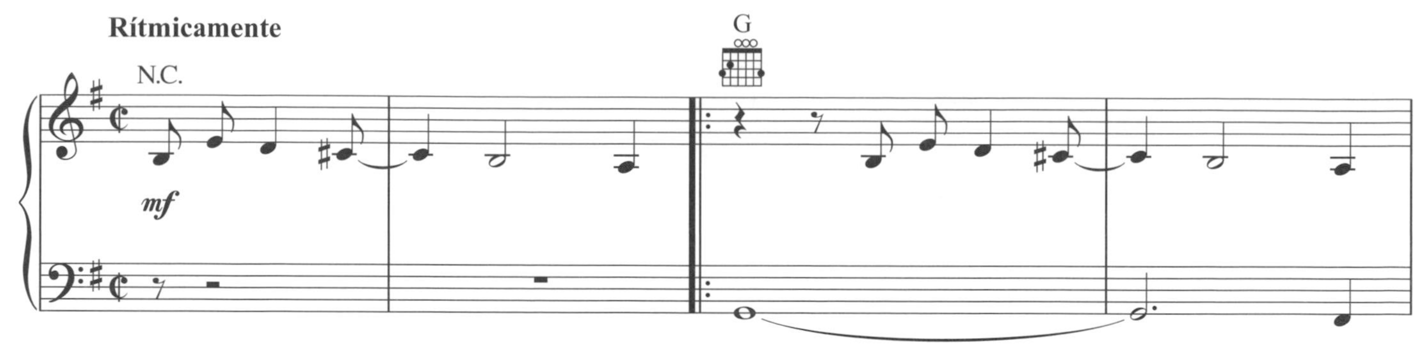

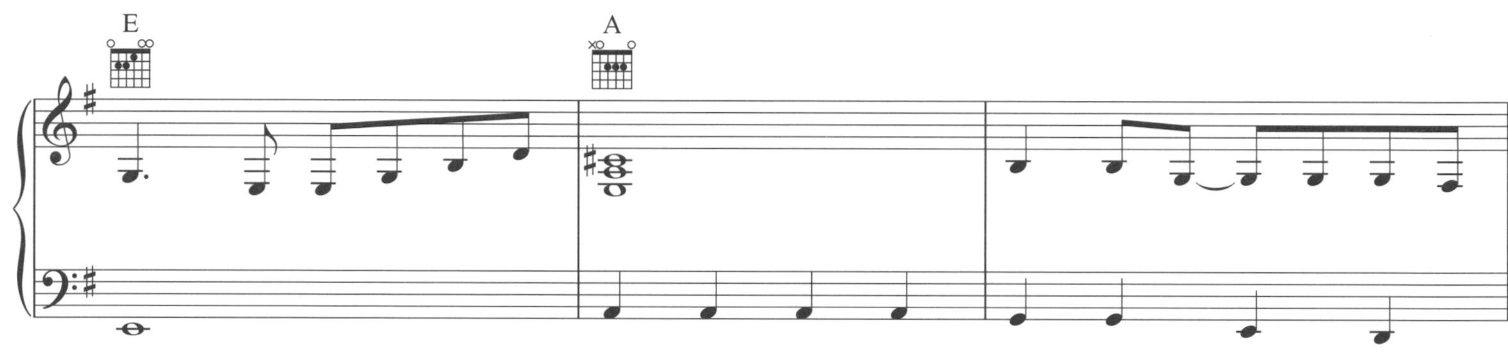

Ca - da blan - co de mi men - te se vuel - ve co -
Yo no sé si te me - rez - co só - lo sé que
lor con ver - te y el de - se - o de te - ner - te
aún de - se - o que le des luz a mi vi - da
es más fuer - te, es más fuer - te. Só - lo quie - ro que me lle - ves
en los dí - as ve - ni - de - ros. Lé - e - me muy bien los la - bios
de tu ma - no por la sen - da y a - tra - ve -
te lo di - go bien de - spa - cio por el res - to

sar el bos - que que di - vi - de nues - tras vi - das.
de mis dí - as quie - ro ser tu com - pa - ñí - a.
C
G/B
Hay tan - tas co - sas que me
Am7
C
D
gus - tan hoy de tí. Me en - a -
G
D
mo - ra, que me hab - les con tu bo - ca me en - a - mo - ra, que me e -

C
le - ves has - ta el cie - lo me en - a - mo - ra, que de mí se - a tu al - ma so - ña -
G
D/F♯
Em
do - ra. Es - pe - ran - za de mis o - jos, sin
D
ti mi vi - da no tie - ne sen - ti - do, sin tí mi vi - da es co - mo un re - mo -
C
D
To Coda
li - no de ce - ni - zas que se van,

1
C
D
oh, vo-lan-do con el vi-en-to.
Em
N.C.
2
D.S. al Coda
Oh, me en-a
CODA
C
oh, vo-lan-do con el vi-en-to.
D
G

PROPUESTA INDECENTE

Words and Music by
ANTHONY SANTOS

G
U - na a - ven - tu - ra es más di - ver - ti - da si hue - le a pe -
A
N.C.
G
li - gro. Si te in - vi - to u - na co - pa y me a - cer - co a tu bo -
D
A
Bm
- ca, si te ro - bo un be - si - to, a ver, ¿te en - o - jas con - mi - go? ¿Qué di - rías si es - ta
G
D
A
no - che te se - duz - co en mi co - che? Que se em - pa - ñen los vi - drios, y la re - gla es que go -

Bm
G
D
ces. Si te fal-to el re-spe - to y lue-go cul-po al-co-hol, si le-van-to tu fal -
A
Bm
G
- da me da-rías el de-re-cho a me-dir tu sen-sa - tez.
A
Po-ner en jue-go tu cuer - po si te pa-re-ce pru-den -
G
A
To Coda
- te es-ta pro-pues-ta in-de-cen - te.

Bm
G
A ver, a ver,
per - mí - te - me a - pre - ciar tu des -
A
F♯m
Bm
nu - dez.
Re - lá - ja - te que es - te Mar -
G
A
ti - ni cal - ma - rá tu ti - mi - dez.
Y u - na a - ven -
G
A
N.C.
D.S. al Coda
tu - ra es más di - ver - ti - da si hue - le a pe - li - gro.
Si te in - vi - to u - na co -

CODA
Bm
G

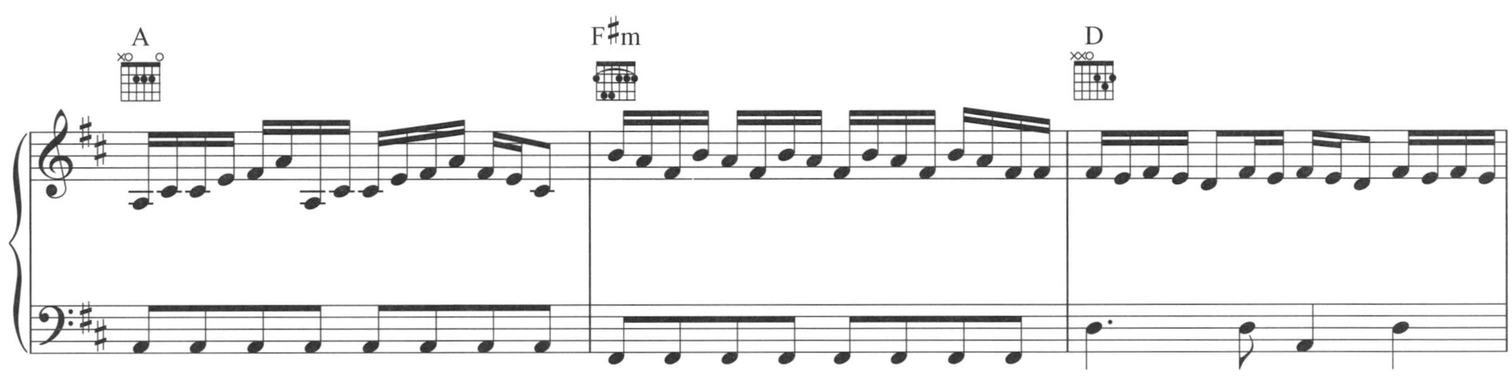
A
F♯m
D

D/C♯
Bm
D/A

G
F♯m
Em

A
Bm
F♯7
G
A
G
How 'bout if you and I, me and you bai - la - mos ba - cha -
A
G
- ta, y lue - go, you and I, me and you
N.C.
A
ter - mi - na - mo en la ca - ma. How 'bout if

G
A
you and I, (you and I) me and you, (me and you) you and I, (you and I)
G
me and you, (you) you and I, (you and I) me and you,
A
G
me and you, you...
A
2nd time Fine

SMOOTH

Words by ROB THOMAS
Music by ROB THOMAS and ITAAL SHUR

Dm Bm7♭5 E/G♯ Am F E7
words melt ev - 'ry - one. But you stay so cool.
word I hear your name call - ing me out.
Am F E7
My Mu - ñe - qui - ta, my Span - ish Har - lem Mo - na
Out from the bar - ri - o, you hear my rhy - thm on your
Am F E7 Dm Bm7♭5
Li - sa. Well, you're my rea - son for rea - son,
ra - di - o. You feel the turn - ing of the world so soft and slow;
E/G♯ Am G F E7
the step in my groove.
turn - ing me round and round.
And if you said

Am
F
E7
this life ain't good e - nough, I would give my world to
lift you up. I could change my life to bet - ter suit your mood.
Dm
F/C
Bm7♭5
G7
F♯7sus
E
'cause you're so smooth.
𝄋
And it's just like the o - cean un - der the moon. Well, it's the

Am
F
E7
same as the e-mo-tion that I get from you.
You got the kind of lov-in' that can
To Coda
Dm7
G
N.C.
be so smooth,
Give me your heart. Make it real or else for-get a-bout it.
1
2
Well, I'll tell you

Am
F
E7
Am
F
E7
Am
F
E7
Am
F
E7
Am
F
E7
Am
F
E7

Dm
F/C
Bm7♭5
G7
F♯7sus
E7
D.S. al Coda
And it's
CODA
N.C.
E7
Am
F
E7
or else for - get a - bout it.
Am
F
E7
Or else for - get a - bout it.

Am
F
E7
Or else for - get a - bout it.
Let's don't for - get a - bout it.
Give me your heart, make it real.
Let's don't for - get a - bout it.
Play 4 times
Let's don't for - get a - bout it.
Guitar ad lib.
Repeat and Fade
Optional Ending

VENTE PA' CA

Words and Music by NERMIN HARAMBASIC,
JUAN LUIS LONDOÑO ARIAS, ENRIQUE MARTIN,
LARS PEDERSEN, RICARDO ANDRES REGLERO,
MAURICIO ALBERTO REGLERO RODRIGUEZ, CARL RYDEN,
JUSTIN STEIN, RONNY SVENDSEN and ANNE WIK

Em
Ven te cuen - to de u - na vez.
E - na - mo - ra - dos, qué ca - lor.
A
D
Tu des - can - so es - tá en la ca -
Nos co - mi - mos bo - ca a bo -
G
- ma de mis pies.
- ca en el si - llón.
Ven te cuen -
Fue por ham -
Em
A
- to, un, dos, tres.
- bre, fue por sed.

Bm
Mis pa - si - tos son des - can - sos sin es - trés.
Me be - bis - te a fon - do blan - co con tu piel.
N.C.
Em
Di - me si hay o - tro lu - gar
A
D
pa - ra de - jar mi co - ra - zón.
G
Em
Ay, tie - nes ra - zón.

A
Bm
Mejor por qué no, nos vamos los dos.
Em
Si tú quieres, nos bañamos. Si tú
A
quieres, nos soplamos. Pa' secarnos, lo mojao.
Si tu
D
G
boca quiere beso y tu cuerpo quiere de eso arreglamos.

Em
Si tú quie - res un a - ta - jo y lo quie - res por a - ba - jo, yo te
A
Bm
lle - vo bien ca - llao. Ven - te pa' 'ca, ven - te pa'
'ca, ven - te pa' 'ca, oh.
1
2, 3
Em

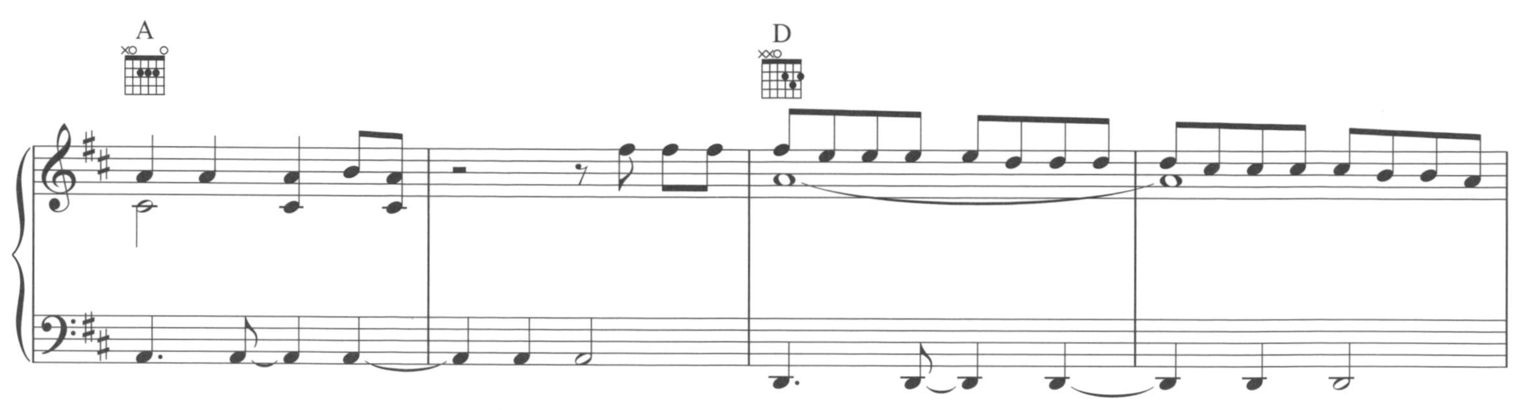
A
D

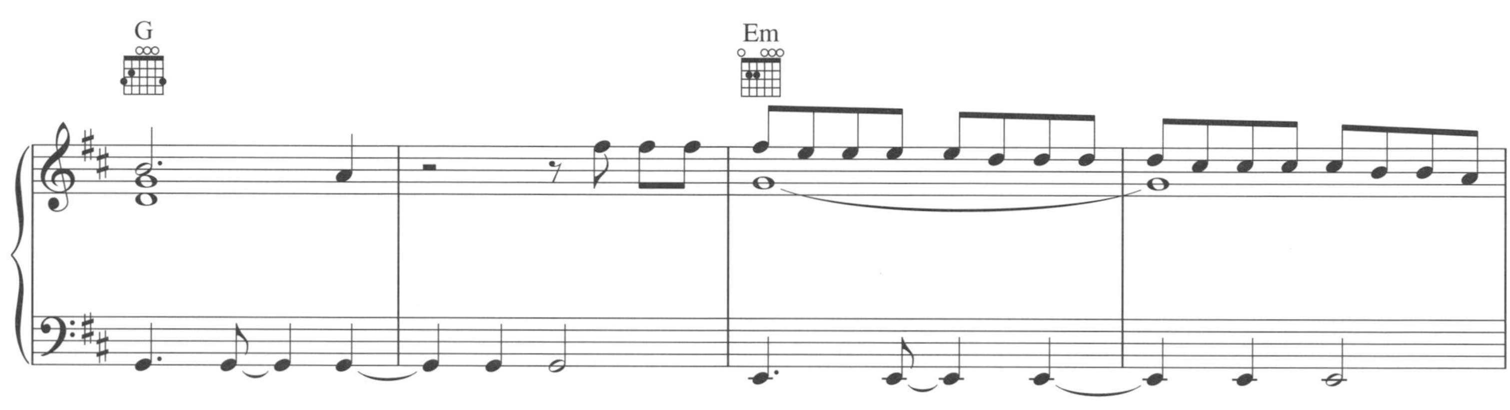
G
Em

A
To Coda
Bm

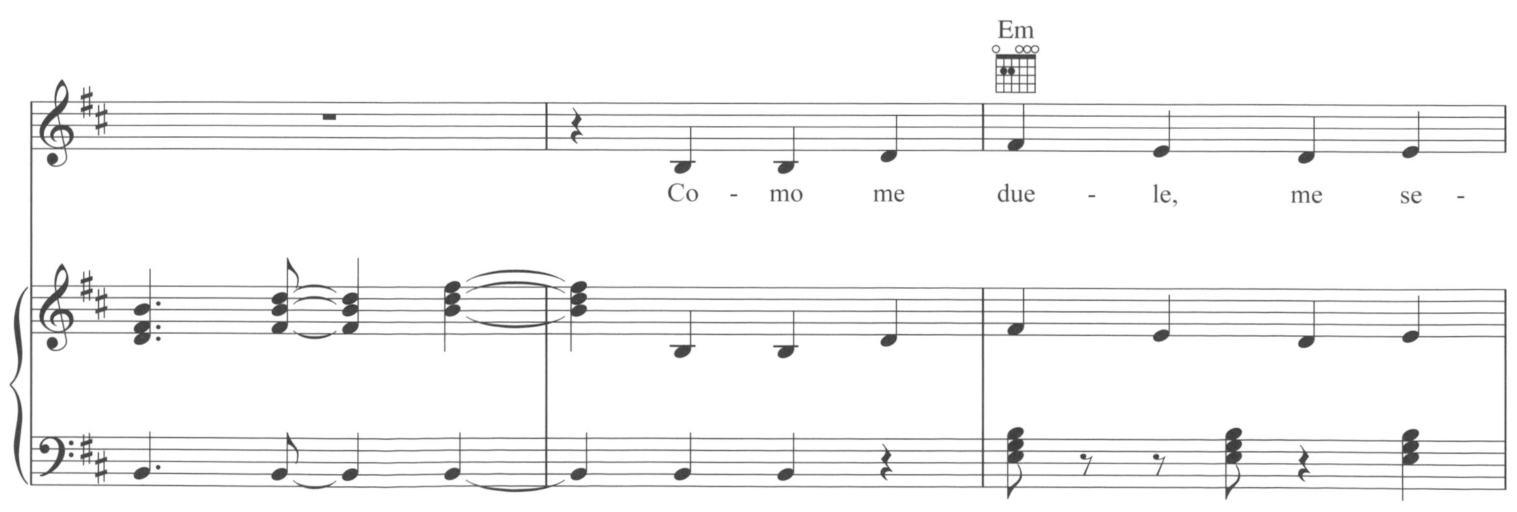
Em
Co - mo me due - le, me se -

A
du - ce. Y cuan - do le a - pa - gan las lu - ces, ella se
D
G
lu - ce y yo se lo ha - go o - tra vez.
Em
Ey, ey. Lle - vo tan - to tiem - po mi - ran - do rea - ccio - nar.
A
D
Di - me que tas es - pe - ran - do, ba - by, no hay de - mo - ra. Pé - ga - te a mí,

G
que ri - co a mí. No de - jes que pa - sen las ho - ras. Tu
Em
A
boo - ty me a - rre - ba - ta, tu son - ri - sa me a - tra - pa. Quie - ro te - ner - te siem - pre y no de -
D
jar - te so - la. Es - ta his - to - ria no se a - ca - ba. Hoy va - mos pa' mi
G
Em
ca - ma. Es - ta no - che tú te e - na - mo - ras. Di - me de u - na

A
vez, si es que al la - do tu - yo yo es - ta - ré, to - do lo que
Bm
pi - das te da - re. Es - ta no - che tu
D.S. al Coda
(take 2nd ending)
N.C.
te e - na - mo - ras.
Si tú
CODA
Bm
Ven - te pa' 'ca, ven - te pa'
'ca, ven - te pa' 'ca, oh.

SÚBEME LA RADIO

Words and Music by DESCEMER BUENO,
FELIX G. ORTIZ TORRES, GABRIEL E. PIZZARO,
CARLOS ORTIZ-RIVERA, LUIS ORTIZ-RIVERA,
JUAN G. RIVERA VÁZQUEZ and ENRIQUE IGLESIAS

F
C
ba - jo que va ___ su - bien - do. Tráe - me el al - cohol que qui - ta el do -
G
lor. Hoy va - mos a jun - tar la lu - na y el sol. Sú - be - me la
Am
F
ra - dio que es - ta es mi can - ción. Sien - te el ba - jo que va ___ su - bien -
C
do. Tráe - me el al - cohol que qui - ta el do - lor. Hoy va - mos a jun -

G
To Coda
N.C.
Am
tar la lu - na y el sol.
Ya no me im-por - ta na - da,
Hu - yen - do del pa - sa - do
F
Ni el dí - a ni la ho - ra.
en ca - da ma - dru - ga - da,
Si lo he per - di - do
no en - cuen - tro nin - gún
C
G
to - do, me has de - ja - do en las som - bras.
mo - do de bo - rrar nues - tra his - to - ria.
Am
3
Te ju - ro que te pien - so.
A su sa - lud be - bien - do.
Ha - go el me - jor in - ten -
Mien - tras me que - de a - lien -

F
C
to. ___ El tiem - po pa - sa len - to
to. ___ so - lo le es - toy pi - dien - do,
G
1
N.C.
y yo me voy mu - ri - en - do. Si lle - ga la no -
rom - per es - te si - len - ci - o.
Am
F
- che y tú ___ no con - tes - tas, te ju - ro me que - do es - per - an - do en tu puer -
C
ta. Vi - vo pa - san - do las no - ches en ve - la y si - go can - tan -

G
2
D.S. al Coda
- do ba - jo la lu - na lle - na. Sú - be - me la
Sú - be - me la
CODA
N.C.
Am
sol. An - do lo - co y de - ses - pe - ra - do en bus - ca de tu a - mor.
F
C
No me de - jes en es - ta so - le - dad, te pi - do. Ver - dad te di - go,
G
N.C.
vuel - ve con - mi - go. Si tú me lla - mas, te ju - ro que bai - la - mos.

Am
F
Quie - ro ver - te ya. Ya no a - guan - to más. Quie - ro dar - te ca - lor
C
so - lo u - na vez más. Ya no a - guan - to más. Quie - ro ver - te ya.
G
Am
Oh. Yo no te mien - to. To - da - vi - a te es -
F
C
pe - ro. Sa - bes bien que te quie - ro. No sé vi - vir sin

G
1
2
ti.
Yo no te
Sú - be - me la
Am
F
ra - dio que es - ta es mi can - ción
Sien - te el
ba - jo que va
su - bien - do.
Tráe - me el al -
C
G
cohol que qui - ta el do - lor
Hoy va - mos a jun - tar
la lu - na y el
sol.
Sú - be - me la
Am
F
ra - dio que es - ta es mi can - ción.
Sien - te el
ba - jo que va
su - bien -

C
do. Tráe - me el al - cohol que qui - ta el do - lor. Hoy va - mos a jun -
G
N.C.
Am
tar la lu - na y el sol. Sú - be - me la ra - dio.
F
C
Trá - tráe - me el al - cohol.
G
Am
N.C.
Sú - be - me la ra - dio.

VIVIR MI VIDA

Words and Music by ALEX PAPACONSTANTINOU,
BJOERN DJUPSTROM, MARC ANTHONY,
SAMIRA DIABI, BILAL HAJJI,
NADIR KHAYAT and ACHRAF JANNUSI

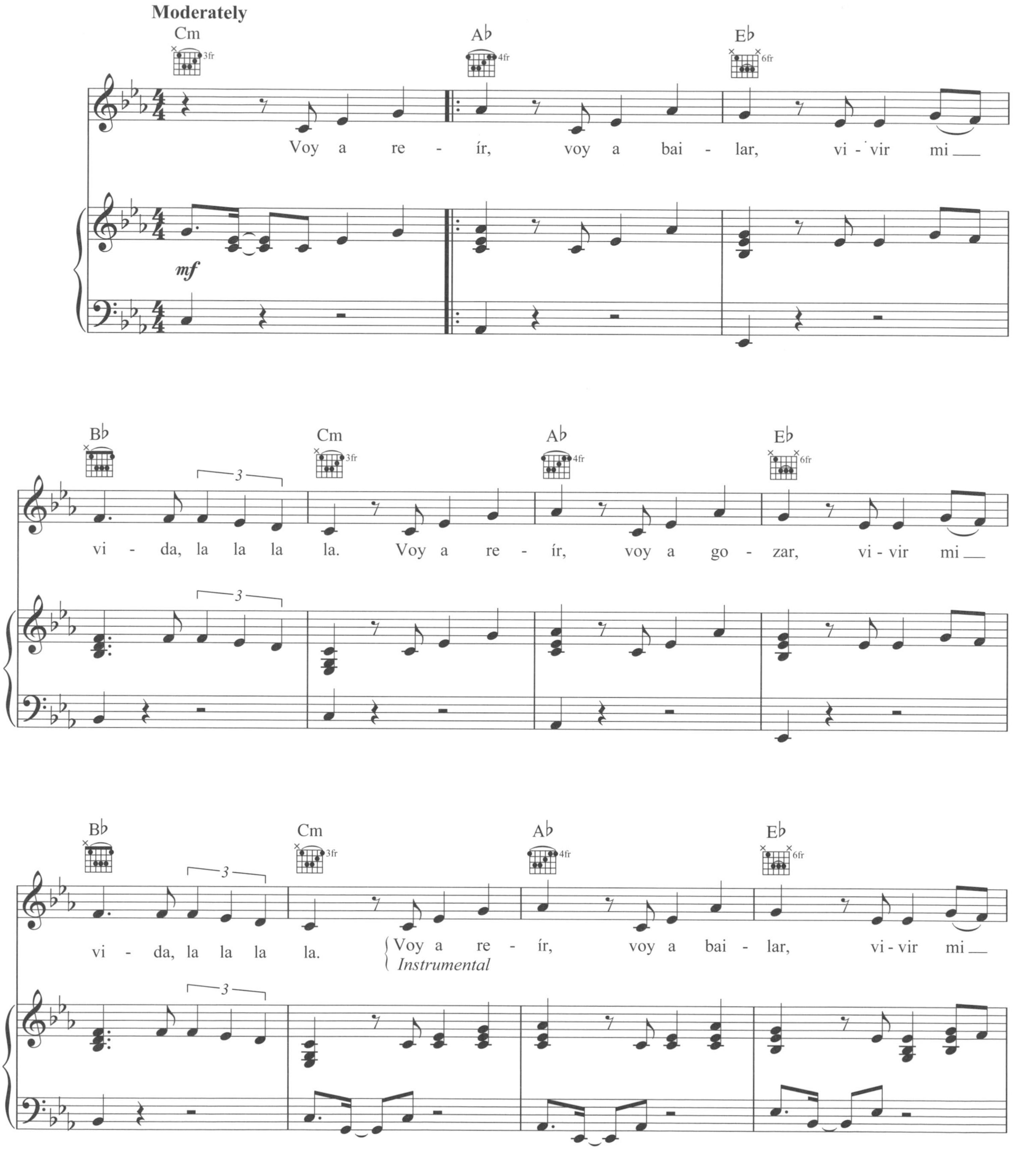

Moderately

Cm Ab Eb

3fr 4fr 6fr

Voy a re - ír, voy a bai - lar, vi - vir mi

mf

Bb Cm Ab Eb

3 3fr 4fr 6fr

vi - da, la la la la. Voy a re - ír, voy a go - zar, vi - vir mi

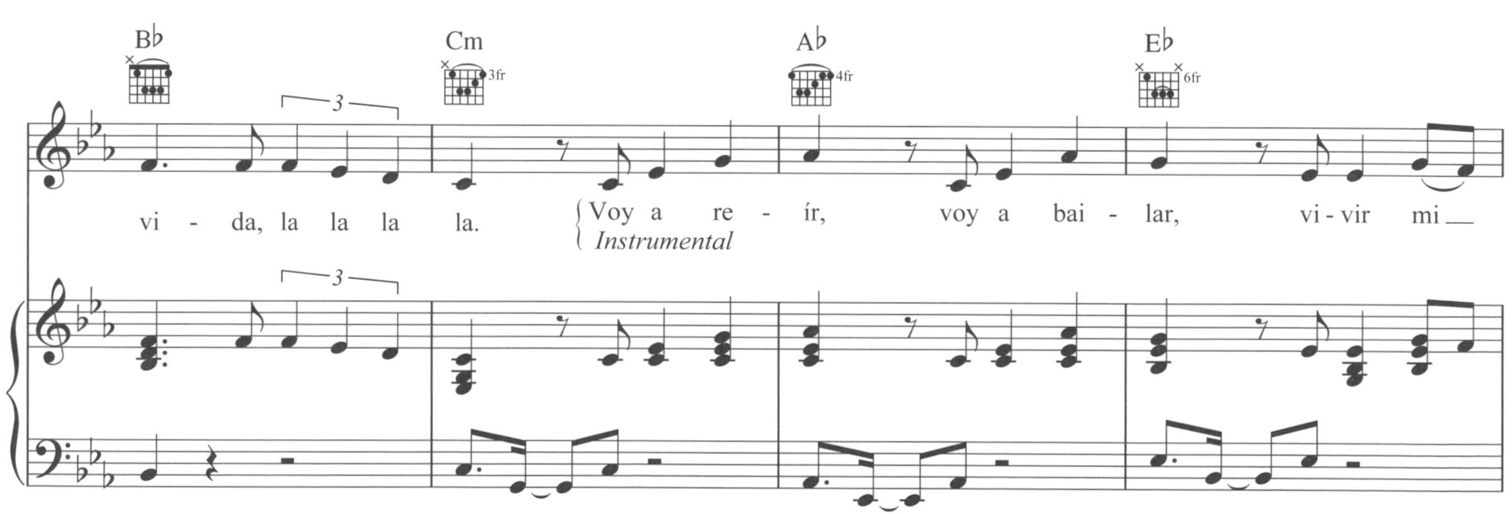

B♭
Cm
A♭
E♭
vi - da, la la la la. Voy a re - ír, voy a go - zar, vi-vir mi
B♭
Cm
A♭
vi - da, la la la la. A ve-ces lle-ga la llu - via
End instrumental
Voy a vi-vir el mo-men - to
E♭
B♭
Cm
pa - ra lim-piar las he - ri - das.
pa - ra en-ten-der el des - ti - no.
A ve-ces so-lo un-a go -
Voy a es-cu-char el si-len -
A♭
E♭
B♭
- ta
- cio
pue - de ven-cer la se quí - a.
pa - ra en-con-trar el ca - mi - no.
¿Y pa-ra
¿Y pa-ra
3
3fr
4fr
6fr

Cm
3fr
A♭
4fr
E♭
6fr
que llo - rar, pa' qué? Si due - le u - na pe - na, se ol - vi -
que llo - rar, pa' qué? Si due - le u - na pe - na, se ol - vi -
B♭
Cm
3fr
A♭
4fr
da. ¿Y pa - ra qué su - frir, pa' qué? Si a - sí es la vi -
da. ¿Y pa - ra qué su - frir, pa' qué? Si due - le u - na pe -
E♭
6fr
B♭
3
1
Cm
3fr
da, hay que vi - vir - la, la la le. Voy a re -
na, se ol - vi - da, la la
2
Cm
3fr
A♭
4fr
E♭
6fr
B♭
3
le. Voy a re - ír, voy a bai - lar, vi - vir mi vi - da, la la la

Cm
A♭
E♭
la. Voy a re - ír, voy a go - zar, vi - vir mi
B♭
Cm
A♭
E♭
vi - da, la la la la.
3
3
B♭
Cm
A♭
E♭
B♭
Cm
A♭
Voy a re - ír, voy a bai -
3
3

E♭
B♭
lar, pa' qué llo - rar, pa' que su - frir.
Em - pie - za a so - ñar, a re - ír.
Cm
A♭
E♭
Voy a re - ír, voy a bai - lar, sien - te y bai - la y go - za.
B♭
Cm
A♭
que la vi - da es u - na so - la.
Voy a re - ír, voy a bai -
E♭
B♭
lar, vi - ve, si - gue, siem - pre pa' lan - te. No mi - res pa' tras.

Cm
3fr
A♭
4fr
E♭
6fr
B♭
Cm
3fr
A♭
4fr
Voy a re - ír, voy a bai -
E♭
6fr
B♭
Cm
3fr
lar, vi-vir mi vi - da, la la la la. Voy a re -
3
A♭
4fr
E♭
6fr
B♭
Cm
3fr
ír, voy a go - zar, vi-vir mi vi - da, la la la la.
3

VUELVE

Words and Music by CARLOS EFREN REYES ROSADO,
RAMÓN AYALA and JALIL LOPEZ

* Recorded a half step higher.

F
Esus
Am/C
B7sus
2fr
tés a - hí. Co - mo siem-pre es - tu - vis - te pa' mi. Yo
Am/C
F
Esus
sé que mil e - rro - res co - me - tí. No sé cuan - to tiem - po pue - da du -
Am/C
B7sus
2fr
Am/C
F
Esus
rar sin ti. Y por e - so vuel - ve. Que
Am/C
B7sus
2fr
Am/C
sin ti el mis - mo ya yo no se - re. 'Tas con o - tro ya yo me en - te -

F
Esus
Am/C
B7sus
2fr
ré. Di - me, ba - by, si tú pien - sas vol - ver, yeah, yeah.
Am/C
F
Esus
Y por e - so vuel - ve. Que sin ti el mis - mo ya yo no se -
Am/C
B7sus
2fr
Am/C
F
Esus
re. Es - tas con o - tro, ya yo me en - te - ré. Di -
Am/C
B7sus
2fr
N.C.
me sí co - mo yo lo sa - be ha - cer. ¿Qué pa -

F
Esus
Am/C
B7sus
2fr
so en la re - la - ción y el a - mor que me te - ní - as? Ha - cien - do tan - ta bron - co, que pa -
re - ce a - go - ní - a. Yo sé que si - go en tus fan - ta - si - as.
'Tas con el, pe - ro e - res mí - a. Ex - tra - ño la co - le - cción de ba - by doll. ¿Co - mo te
que - dan be - bé ca - ma me - tién - do - te un gol? Co - mo Sha - ki - ra y Pi - que

Am/C
F
Esus
Ro - sa cham - pa - ña mo - tel. E - res la fru - ta pro hi - bi - da que sa - be a pe - ca - do y que
Am/C
B7sus
2fr
sa - be ju - gar con mi vi - da. Por e - so me lle - vo a cual - quie - ra en - re - da
Am/C
F
Esus
co - mo u - na ba - la per - di - da, yeah. En mis sue - ños yo sien - to tu
Am/C
B7sus
2fr
Am/C
F
Esus
cuer - po. Mi ú - ni - co e - ne - mi - go es el tiem - po. Tú cie -

Am/C
N.C.
rras los ojos y pien-sa en mi nom - bre, pe-ro te das cuen - ta que a-ho-ra hay o-tro hom - bre. Na-die
F
Esus
cam - bia el o - ro por el co - bre, me e - qui - vo - que. En mi
Am/C
B7sus
2fr
Am/C
sue - ño yo sien - to tu cuer - po. Mi ú - ni - co e - ne - mi - go es el
F
Esus
Am/C
B7sus
2fr
tiem - po. Yo a - pos - té, vi que ga - ne, lue - go per - dí. Me jue - go la car - ta
3
3
3

Am/C
F
Esus
pa-ra re-cu-pe-rar - te.
Y por e - so vuel - ve. Que sin ti el mis-mo ya yo no se -
Am/C
B7sus
2fr
Am/C
F
Esus
re. 'Tas con o - tro ya yo me en-te - ré. Di -
Am/C
B7sus
2fr
Am/C
me, ba - by, si tú pien-sas vol - ver, yeah, yeah. Por e - so
F
Esus
Am/C
B7sus
2fr
vuel - ve. Que sin ti el mis-mo ya yo no se - re.

Am/C
F
Esus
'Tas con o - tro, ya yo me en - te - ré.
Di - me sí co - mo yo lo sa - be ha -
Am/C
N.C.
To Coda
F
Esus
cer, eh, eh.
Yeah, yeah.
Fu - mo, fu - mo y no me a - rre - ba - to. Me di -
Am/C
B7sus
2fr
je - ron que ya tie - nes o - tro ga - to. Yo no quie - ro pu - tas pa' pa - sar el ra - to. To - das
Am/C
F
Esus
so - lo quie - ren car - te - ra y za - pa - to. O - ye, tú e - res

Am/C
B7sus
2fr
Am/C
la ú - ni - ca que e-ra re - al,
yeah,
la ú - ni-ca en la
que yo pue-do con - fi - ar.
F
Esus
Tus be - sos e - ran lip.
Ba - by lo
nue - stro nun - ca ten - ga RIP.
Tu e - ras mi An - ge -
Am/C
B7sus
2fr
Am/C
li - na, yo e - ra tu Brad Pitt.
É - ra - mos e - qui - po
co - mo Le - Bron y D. Wade en lo
F
Esus
Am/C
B7sus
2fr
Heat.
Sú - per im - po - si - ble ol - vi - dar - me de ti,
y de to - do que hi -

Am/C
F
Esus
ci-mos en a-que-lla suite. Ba-by, tu e-ras de ver-dad. Nin-gu-na es-tas pu-tas son ge-nui-nas.
B7sus
2fr
Son co-mo las li-pos ton-fe-tas e-chas en Chi-na. Te ju-ro que ver-
te con o-tro me las-ti-ma. Es-toy es-pe-ran-do que vuel-va, y te me tre-pe en-ci-ma.
Y por e-so
D.S. al Coda
Play 6 times, then Fine
CODA
Vocal ad lib.

WHENEVER, WHEREVER

(Suerte)

SUERTE
Words by SHAKIRA
Music by SHAKIRA and TIM MITCHELL

WHENEVER, WHEREVER
Words by SHAKIRA and GLORIA M. ESTEFAN
Music by SHAKIRA and TIM MITCHELL

E
B
C♯m
the luck - y fact of your ex - ist - ence. Ba - by, I would climb the An - des, sole - ly
so you don't con - fuse them with moun - tains. Luck - y I have strong legs like my moth - er,
Y por ti a - mar ti - er - ras ex - tra - ñas Yo pue - do es - ca - lar An - des So - lo,
Y no los con - fun - das con mon - ta - ñas Suer - te que he - re - dé las pier - nas fir - mes
G♯7
4fr
A
to count the freck - les on your bod - y. Nev - er could i - mag - ine there were on - ly
to run for cov - er when I need it, and these two eyes that, for no oth - er,
por ir a con - tar tus lu - na - res Con - ti - go ce - le - bro y su - fro to - das
Pa - ra cor - rer si un me ha - ce fal - ta y es - tos dos o - jos que me di - cen
E
B
F♯m
ten mil - lion ways to love some - bod - y.
that when you leave will cry like riv - ers.
Le doh lo le lo le
Mis a - le - grí - as y mis ma - les
Que han de llo - rar cuan - do te va - yas
Le ro lo le lo le
C♯m
A
le doh lo le lo le.
Can't you see
At your feet,
le ro lo le lo le
Sa - bes que Es -

G♯5
4fr
C♯m
4fr
A
I'm at your feet?
I'm at your feet.
toy a tus pies
When - ev - er, wher - ev - er
Con - ti - go mí vi - da
E
B
C♯m
4fr
A
we're meant to be to - geth - er. I'll be there and you'll be near,
Quie - ro vi - vir la vi - da Y lo que me que - da de vi - da
F♯m
B
C♯m
4fr
A
and that's the deal, my dear.
Quie - ro vi - vir con - ti - go
There - o - ver, here - un - der,
Con - ti - go mi vi - da
E
B
C♯m
4fr
A
you'll nev - er have to won - der. We can al - ways play by ear,
Quie - ro vi - vir la vi - da Y lo que me que - da de vi - da

F♯m
B
Cdim
C♯m
but that's the deal, my dear.
Quie - ro vi - vir con - ti - go
C♯m/F♯
B
C♯m
A/C♯
1
C♯m/B
B
Cdim
N.C.
2
N.C.
F♯m
Le doh lo le lo le
C♯m
A
B
le doh lo le lo le.
Think out loud,
say it a - gain.
sa - bes que Es - toy a tus pies

F♯m
C♯m
4fr
Lo doh lo le lo le lo le, tell me one more time
le ro lo le lo le lo le La fe - li - ci - dad
A
B
Cdim
3fr
F♯m6
that you'll live lost in my eyes.
tie - ne tu nom bre y tu piel
C♯m
A
E
B
When - ev - er, wher - ev - er we're meant to be to - geth - er.
feel. When - ev - er,
Con - ti - go, mi vi - da Quie - ro vi - vir la vi - da Y
mí Con - ti - go,
C♯m
A
F♯m
B
I'll be there and you'll be near and that's the deal, my dear.
lo que me que - da de vi - da Quie - ro vi - var con - ti - go

C♯m
A
E
B
4fr
There - o - ver, here - un - der, you've got me head o - ver heels.
Ya sa - bes mi vi - da, es - toy has - ta el cuel - lo por ti Y
C♯m
A
F♯m
B
Cdim
3fr
There's noth - ing left to fear if you real - ly feel the way I
si sien - tes al - go a - sí, quie - ro que te que - des jun - to a
C♯m
A/C♯
C♯m/F♯
B
feel.
mí.
N.C.

THE NEW **DECADE SERIES**

Books with Online Audio • Arranged for Piano, Voice, and Guitar

The New Decade Series features collections of iconic songs from each decade with great backing tracks so you can play them and sound like a pro. You access the tracks online for streaming or download. **See complete song listings online at www.halleonard.com**

SONGS OF THE 1920s

Ain't Misbehavin' • Baby Face • California, Here I Come • Fascinating Rhythm • I Wanna Be Loved by You • It Had to Be You • Mack the Knife • Ol' Man River • Puttin' on the Ritz • Rhapsody in Blue • Someone to Watch over Me • Tea for Two • Who's Sorry Now • and more.

00137576 P/V/G....................$24.99

SONGS OF THE 1930s

As Time Goes By • Blue Moon • Cheek to Cheek • Embraceable You • A Fine Romance • Georgia on My Mind • I Only Have Eyes for You • The Lady Is a Tramp • On the Sunny Side of the Street • Over the Rainbow • Pennies from Heaven • Stormy Weather (Keeps Rainin' All the Time) • The Way You Look Tonight • and more.

00137579 P/V/G....................$24.99

SONGS OF THE 1940s

At Last • Boogie Woogie Bugle Boy • Don't Get Around Much Anymore • God Bless' the Child • How High the Moon • It Could Happen to You • La Vie En Rose (Take Me to Your Heart Again) • Route 66 • Sentimental Journey • The Trolley Song • You'd Be So Nice to Come Home To • Zip-A-Dee-Doo-Dah • and more.

00137582 P/V/G....................$24.99

SONGS OF THE 1950s

Ain't That a Shame • Be-Bop-A-Lula • Chantilly Lace • Earth Angel • Fever • Great Balls of Fire • Love Me Tender • Mona Lisa • Peggy Sue • Que Sera, Sera (Whatever Will Be, Will Be) • Rock Around the Clock • Sixteen Tons • A Teenager in Love • That'll Be the Day • Unchained Melody • Volare • You Send Me • Your Cheatin' Heart • and more.

00137595 P/V/G....................$24.99

SONGS OF THE 1960s

All You Need Is Love • Beyond the Sea • Born to Be Wild • California Girls • Dancing in the Street • Happy Together • King of the Road • Leaving on a Jet Plane • Louie, Louie • My Generation • Oh, Pretty Woman • Sunshine of Your Love • Under the Boardwalk • You Really Got Me • and more.

00137596 P/V/G....................$24.99

SONGS OF THE 1970s

ABC • Bridge over Troubled Water • Cat's in the Cradle • Dancing Queen • Free Bird • Goodbye Yellow Brick Road • Hotel California • I Will Survive • Joy to the World • Killing Me Softly with His Song • Layla • Let It Be • Piano Man • The Rainbow Connection • Stairway to Heaven • The Way We Were • Your Song • and more.

00137599 P/V/G....................$27.99

SONGS OF THE 1980s

Addicted to Love • Beat It • Careless Whisper • Come on Eileen • Don't Stop Believin' • Every Rose Has Its Thorn • Footloose • I Just Called to Say I Love You • Jessie's Girl • Livin' on a Prayer • Saving All My Love for You • Take on Me • Up Where We Belong • The Wind Beneath My Wings • and more.

00137600 P/V/G....................$27.99

SONGS OF THE 1990s

Angel • Black Velvet • Can You Feel the Love Tonight • (Everything I Do) I Do It for You • Friends in Low Places • Hero • I Will Always Love You • More Than Words • My Heart Will Go On (Love Theme from 'Titanic') • Smells like Teen Spirit • Under the Bridge • Vision of Love • Wonderwall • and more.

00137601 P/V/G....................$27.99

SONGS OF THE 2000s

Bad Day • Beautiful • Before He Cheats • Chasing Cars • Chasing Pavements • Drops of Jupiter (Tell Me) • Fireflies • Hey There Delilah • How to Save a Life • I Gotta Feeling • I'm Yours • Just Dance • Love Story • 100 Years • Rehab • Unwritten • You Raise Me Up • and more.

00137608 P/V/G....................$27.99

SONGS OF THE 2010s

All About That Bass • All of Me • Brave • Empire State of Mind • Get Lucky • Happy • Hey, Soul Sister • I Knew You Were Trouble • Just the Way You Are • Need You Now • Pompeii • Radioactive • Rolling in the Deep • Shake It Off • Shut up and Dance • Stay with Me • Take Me to Church • Thinking Out Loud • Uptown Funk • and many more.

00151836 P/V/G....................$27.99

halleonard.com

Prices, content, and availability subject to change without notice.